SARA,

et qui se ressemble s'assemble pour l'éternité

Le récit inspirant du parcours ponctué d'expériences d'une enfant vers la certitude que tout est pour le mieux. (Ce l'est vraiment.)

SARA,

et qui se ressemble s'assemble pour l'éternité

Esther et Jerry Hicks
Illustré par Caroline Garrett

Traduit de l'anglais
par Lynda Leith

AdA Inc.

Éditeur : François Doucet
Traduction : Lynda Leith
Révision linguistique : Isabelle Marcoux, Féminin Pluriel
Révision : Isabelle Veillette, Nancy Coulombe, Suzanne Turcotte
Montage de la couverture : Matthieu Fortin
Illustrations : © 1995 Caroline S. Garrett
Graphisme et mise en page : Sylvie Valois
ISBN : 978-2-89565-578-7
Première impression : 2008
Dépôt légal : 2008
Bibliothèque et Archives nationales du Québec
Bibliothèque Nationale du Canada

Éditions AdA Inc.
1385, boul. Lionel-Boulet
Varennes, Québec, Canada, J3X 1P7
Téléphone : 450-929-0296
Télécopieur : 450-929-0220
www.ada-inc.com
info@ada-inc.com

Diffusion

Canada:	Éditions AdA Inc.
France:	D.G. Diffusion Z.I. des Bogues 31750 Escalquens - France Téléphone : 05.61.00.09.99
Suisse :	Transat - 23.42.77.40
Belgique :	D.G. Diffusion - 05.61.00.09.99

Imprimé au Canada

Participation de la SODEC.
Nous reconnaissons l'aide financière du gouvernement du Canada par l'entremise du Programme d'aide au développement
de l'industrie de l'édition (PADIÉ) pour nos activités d'édition.
Gouvernement du Québec - Programme de crédit d'impôt pour l'édition de livres - Gestion SODEC.

Catalogage avant publication de Bibliothèque et Archives nationales du Québec et Bibliothèque et Archives Canada

Abraham (Esprit)
Sara. Livre 1 : qui se ressemble s'assemble pour l'éternité
Traduction de: Sara, book 1.
ISBN 978-2-89565-578-7
1. Écrits spirites. 2. Réalisation de soi - Miscellanées. 3. Émotions - Miscellanées. I. Hicks, Esther. II. Hicks, Jerry. III. Titre.

BF1301.A4314 2008 133.9'3 C2008-940374-6

AVANT-PROPOS

Voici un livre inspirant et inspiré à propos du parcours d'une enfant, ponctué d'expériences vers la joie infinie. Sara est une fillette de dix ans, timide et repliée sur elle-même, qui n'est pas très heureuse. Elle a un frère odieux qui la taquine continuellement, des camarades de classe cruels et insensibles, et elle n'a aucune volonté en ce qui concerne ses travaux scolaires. En bref, elle est comme beaucoup d'enfants de notre société actuelle. La première fois que j'ai lu ce livre, j'ai été frappé par les ressemblances entre Sara et mon propre enfant de dix ans. Sara est vraiment un amalgame de tous les enfants.

Sara veut se sentir bien, heureuse et aimante, mais lorsqu'elle regarde autour d'elle, elle ne voit pas grand-chose qui lui inspire ces sentiments. Tout change avec Solomon, un vieux et sage hibou, qui lui apprend à voir les choses autrement à travers un regard d'amour inconditionnel. Il enseigne à Sara comment évoluer en toute circonstance dans une atmosphère d'énergie pure et positive. Pour la première fois, Sara voit qui elle est et constate son potentiel sans fin. Vous, en tant que lecteur, réaliserez que ceci est beaucoup plus qu'un conte pour enfants. C'est le modèle à suivre pour atteindre la joie et le bonheur qui sont votre dû à la naissance.

Tous les membres de ma famille ont lu ce livre, et nous ne sommes plus les mêmes, depuis. Mon mari a possiblement été celui qui en a été le plus ému. Il m'a dit que cela lui avait fait un effet si prodigieux qu'il regarde la vie avec de nouveaux yeux. C'est comme être myope toute sa vie et enfin se procurer des lunettes. Tout devient clair comme l'eau de roche.

Je ne pourrais pas assez parler en bien de ce livre qui transforme la vie. Vous partagerez les hauts et les bas de Sara, en route vers un plus haut degré de plénitude, et saurez qu'il y a une Sara en chacun de nous. Si vous n'achetez qu'un seul livre dans votre vie, assurez-vous que ce soit celui-ci. Vous ne le regretterez pas ! (Tous âges)

par Denise Tarsitano, de la série Rising Star

Percutant. Magique. Stimulant.

Sara, un roman qui fait chaud au cœur, raconte l'histoire d'une fillette qui découvre les secrets pour se bâtir une vie heureuse. À mesure que Sara découvre comment se créer une meilleure vie, à commencer simplement par l'endroit où elle vit, le lecteur apprend aussi les mêmes leçons. Les deux en sont transformés, comme par magie.

Lire ce nouveau livre inspiré et rafraîchissant peut éveiller tous les lecteurs au pouvoir intérieur qu'ils possèdent déjà pour créer le genre de vie à laquelle ils ont toujours aspiré.

Sara est un livre que vous souhaiterez offrir à votre famille et à vos amis, car il transmet des messages percutants à propos de la vie d'une manière simple à comprendre et à intégrer.

Les écrits inspirés des auteurs tissent une toile enchantée qui peut transformer des vies par leur seule lecture. Et bien que ce livre ne soit pas à proprement parler un livre pour enfants, Sara est une histoire qui transforme la vie de chaque enfant qui sommeille en nous.

Percutant. Magique. Stimulant. « Lisez-le. »

— *Joe Vitale, auteur de* The Seven Lost Secrets of Success

Ce merveilleux petit livre est un bijou, élégant en raison de son message et sa simplicité. Ses enseignements vont droit au cœur, là où se trouve la Sara en chacun de nous ! Une douce et charmante histoire, parfois amusante, souvent bouleversante et, plus que tout, merveilleusement joyeuse. Cela deviendra certainement un élément de base pour les étudiants du bien-être.

— *Audrey Harbur Bershen, M. Serv. Soc., A.C.S.W. (Academy of Certified Social Worker), psychothérapeute*

PRÉFACE

« Les gens préfèrent être divertis, plutôt qu'informés. » C'était, je crois, une observation qu'avait faite l'éminent éditeur William Randolph Hearst. Si c'est vrai, informer de façon divertissante semblerait la manière la plus efficace de transmettre de l'information, même quand celle-ci a une grande signification personnelle.

Le récit *Sara, et qui se ressemble s'assemble pour l'éternité* divertit et informe, tout en affluant vers vous par l'entremise du processus universel de la pensée grâce au traitement de texte d'Esther. Des flots de sagesse infinie et d'amour inconditionnel, gentiment enseignés par le très divertissant mentor à plumes de Sara, se mêlent aux expériences enrichissantes vécues par la fillette avec sa famille, ses pairs, ses voisins et ses professeurs, pour vous emporter vers un nouveau degré de conscientisation de votre état naturel de bien-être, vers votre certitude que tout est vraiment bien.

Au moment de prendre la décision d'étudier ce livre, penchez-vous sur votre moi intérieur et sur la raison de votre présence ici-bas ; prenez conscience de la rapidité et de l'ampleur de votre progression vers tout ce qui est important pour vous.

Ce court et simple récit pousse à la réflexion ; vous en tirerez des théories plus explicites ; en conséquence, attendez-vous à expérimenter un nouveau degré d'épanouissement qui vous réjouira.

Jerry et Esther Hicks

PARTIE 1

Sara, et qui se ressemble s'assemble pour l'éternité

CHAPITRE 1

SARA, ALLONGÉE DANS SON LIT CHAUD, fronça les sourcils, déçue de constater qu'elle était éveillée. Il faisait encore sombre à l'extérieur, mais Sara savait qu'il était temps de se lever.

« Je déteste les courtes journées d'hiver, pensa-t-elle. J'aimerais pouvoir rester ici jusqu'au lever du soleil. »

Sara était consciente d'avoir rêvé. C'était un rêve très agréable, même si à présent, elle ne savait plus à quoi elle avait rêvé.

« Je ne veux pas me réveiller maintenant », pensa Sara pendant qu'elle tentait de faire la transition entre son rêve, qui était agréable, et ce glacial matin d'hiver, qui ne l'était pas.

Sara se blottit au creux de son lit chaud et tendit l'oreille pour savoir si sa mère était déjà debout à s'affairer. Elle tira les couvertures par-dessus sa tête, ferma les yeux et tenta de se souvenir d'une partie de cet agréable rêve qu'elle venait de quitter en se réveillant. C'était tellement plaisant ; Sara voulait qu'il se poursuive.

« Zut. Je dois vraiment aller aux toilettes. Je vais simplement me tenir tranquille et relaxer mon corps, et peut-être que je vais oublier. »

Sara changea de position, essayant de retarder l'inévitable.

« Ça ne fonctionne pas. D'accord. Je suis debout. Une autre journée. On s'en fout. »

Sara se dirigea sur la pointe des pieds vers la salle de bain au bout du couloir en évitant soigneusement de marcher à l'endroit où le plancher craquait toujours, et elle ferma doucement la porte. Elle décida de ne pas actionner la chasse d'eau tout de suite, pour profiter pleinement du luxe d'être éveillée et seule.

« Encore cinq minutes de paix et de silence », se dit Sara.

— Sara ? Es-tu levée ? Viens ici pour m'aider !

— Aussi bien actionner la chasse d'eau, marmonna Sara. D'accord, j'arrive tout de suite ! cria-t-elle à sa mère.

Elle n'arrivait pas à comprendre comment sa mère semblait savoir en tout temps ce que chacun faisait dans la maison.

« Elle doit avoir caché des appareils d'écoute dans toutes les pièces », décida Sara avec amertume.

Elle savait que ce n'était pas réellement le cas, mais le saccage causé par sa pensée négative était bien entamé et il ne semblait y avoir aucun moyen de l'arrêter.

« Je ne vais plus boire quoi que ce soit, avant d'aller dormir. Encore mieux : je ne boirai plus rien à partir de midi. Lorsque je m'éveillerai, je pourrai alors rester allongée dans mon lit et réfléchir, seule avec moi-même – et personne ne saura que je suis réveillée.

« Je me demande à quel âge on ne trouve plus ses propres pensées amusantes. Je sais que cela arrive, parce que personne d'autre ne garde le silence. Ils ne peuvent pas entendre leurs pensées intimes, parce qu'ils parlent continuellement ou ils regardent la télévision et quand ils montent en voiture, la première chose qu'ils font, c'est allumer la radio. Personne ne semble aimer la solitude. Ils veulent toujours être en compagnie d'une autre personne. Ils veulent se rendre à une réunion, ou aller voir un film, ou danser, ou encore assister à une partie de baseball. J'aimerais pouvoir déposer une chape de silence sur tout, afin de pouvoir, juste un moment, m'entendre réfléchir. Je me demande si c'est possible d'être éveillé sans être bombardé par le bruit des autres personnes.

« Je vais créer un club. Les gens contre le BAP[1]. On exigerait certaines choses des membres. Par exemple, vous pouvez aimer les autres, mais vous n'avez pas à leur parler. Vous pouvez observer les autres, mais vous n'avez pas besoin d'expliquer aux autres ce que vous avez vu. Vous devez aimer être seul, quelquefois, simplement pour analyser vos propres pensées. C'est bien d'aider les autres, mais vous devez être prêt à garder votre aide à un niveau minimum, autrement c'est un piège qui se refermera sur vous inévitablement. Si vous êtes trop obligeant, c'est la fin. Ils prendront tout votre temps avec leurs idées et vous n'en aurez plus pour vous. Vous devez accepter de garder un profil bas et observer les autres sans qu'ils soient conscients de votre présence.

« Je me demande si quelqu'un d'autre voudrait faire partie de mon club. Non, ça le détruirait ! Le but de mon club est ne pas avoir besoin de clubs ! Il signifie que ma vie est si importante, intéressante et amusante que je n'ai pas besoin des autres. »

— Sara !

Surprise, Sara cligna des yeux en réalisant qu'elle se tenait debout devant le lavabo de la salle de bain, le regard vide fixé sur la glace, avec sa brosse à dents faisant des mouvements de va-et-vient sans enthousiasme dans sa bouche.

— Vas-tu rester là toute la journée ? Il faut y aller. Nous avons un tas de choses à faire !

---

1. Bruit des autres personnes. (*NDT*)

CHAPITRE DEUX

— As-tu quelque chose à déclarer, Sara ?

Sara sursauta, revenant à la réalité quand monsieur Jorgensen prononça son nom.

— Oui, Monsieur. C'est-à-dire à quel propos, Monsieur ? bégaya Sara, et les vingt-sept autres élèves de sa classe rirent sous cape.

Sara n'avait jamais compris pourquoi ils tiraient autant de plaisir de la gêne d'une autre personne, mais ils ne manquaient jamais d'émettre un rire rocailleux, comme s'il y avait eu quelque chose d'amusant.

« Qu'y a-t-il de drôle au fait qu'une personne se sente misérable ? »

Sara ne trouvait pas la réponse à cela, mais de toute façon, le temps n'était pas à la réflexion, car monsieur Jorgensen la maintenait encore sous le formidable projecteur de l'embarras pendant que ses camarades de classe l'observaient avec une jubilation hors de proportion avec l'évènement.

— Peux-tu répondre à la question, Sara ?

D'autres rires.

« Cela ne finira-t-il jamais ? »

— Lève-toi, Sara, et donne-nous ta réponse.

« Pourquoi est-il si méchant ? Cette chose est-elle vraiment si importante ? »

La main de cinq ou six camarades enthousiastes s'éleva d'un coup dans la classe ; des frimeurs trouvant du plaisir à nuire encore plus à Sara.

— Non, Monsieur, murmura Sara, se laissant glisser sur son siège.

— Qu'as-tu dit, Sara ? aboya le professeur.

— J'ai dit : « Non, Monsieur », je ne connais pas la réponse à cette question, répéta Sara, un peu plus fort.

Toutefois, monsieur Jorgensen n'en avait pas fini avec Sara ; pas encore.

— Sais-tu quelle est la question, Sara ?

Le visage de Sara devint rouge d'embarras. Elle n'avait pas la moindre idée de ce qu'était la question. Elle était plongée profondément dans ses pensées, totalement dans son monde à elle, quand il l'avait posée.

— Sara, puis-je te faire une suggestion ?

Sara ne leva pas la tête, parce qu'elle savait que le fait de donner sa permission ou non n'arrêterait pas monsieur Jorgensen.

— Je suggère, jeune fille, que tu passes davantage de temps à réfléchir aux choses importantes qui sont discutées dans cette classe, plutôt qu'à regarder par la fenêtre en gaspillant ton temps en vagues songes inutiles. Essaie de mettre quelque chose dans ta petite tête vide.

Encore des rires.

« Ce cours ne finira-t-il jamais ? »

Puis, la cloche sonna, enfin.

Sara marcha lentement vers la maison en observant ses bottes rouges s'enfoncer dans la neige. Rendant grâce à la chute de neige. Rendant grâce au silence. Rendant grâce à l'occasion de se retirer dans l'intimité de son propre esprit, alors qu'elle entreprenait la marche de trois kilomètres qui la séparait de la maison.

Elle remarqua que l'eau sous le pont de la rue Principale était presque entièrement couverte de glace, et elle songea à glisser le long de la berge de la rivière pour aller en mesurer l'épaisseur, mais elle décida de remettre cela à une autre journée. Elle voyait l'eau circuler sous la glace et elle sourit en méditant sur le nombre de facettes que cette rivière montrait au cours d'une année. Ce pont, traversant cette rivière, était sa portion préférée du parcours vers la maison. Il y avait toujours des phénomènes intéressants, ici.

Une fois le pont traversé, Sara leva les yeux pour la première fois depuis qu'elle avait quitté la cour de l'école, et elle ressentit une légère pointe de tristesse l'envahir, quand elle réalisa que sa tranquille promenade dans la quiétude se terminerait sous peu, dès qu'elle aurait parcouru les deux prochains pâtés de maisons. Elle ralentit l'allure pour savourer la paix retrouvée, puis elle pivota et marcha à reculons pendant un moment, regardant vers le pont.

— Tant pis, soupira-t-elle doucement en entrant dans l'allée de garage en gravier de sa maison.

Elle s'arrêta sur les marches pour donner un coup de pied sur un grand pan de glace, affaiblissant son emprise avec sa botte et l'envoyant valser dans la congère. Elle retira ensuite ses bottes mouillées et entra dans la maison.

Sara ferma la porte silencieusement et suspendit au crochet son lourd manteau trempé en faisant le moins de bruit possible. Elle n'était pas du tout comme les autres membres de sa famille, qui lançaient un tonitruant « Je suis à la maison ! » en arrivant.

« J'aimerais être un ermite », conclut-elle en traversant le salon pour se rendre à la cuisine. « Un ermite heureux et silencieux, réfléchissant, parlant ou non, choisissant ce que je veux faire de l'ensemble de ma journée. Oui ! »

CHAPITRE TROIS

La seule chose dont elle avait conscience, alors qu'elle était allongée de tout son long devant son casier sur le sol strié de boue, était que son coude lui faisait mal, très mal.

Faire une chute suscite toujours une vive émotion. Cela arrive si vite. Une minute vous êtes debout, circulant rapidement dans l'intention bien arrêtée d'être assise sur votre chaise quand la dernière cloche retentira, et la minute suivante vous êtes étendue par terre sur le dos, immobile, abasourdie et endolorie. Et la pire chose au monde est de tomber à l'école, là où tout le monde peut vous voir.

Sara leva les yeux vers une mer de visages à la mine réjouie qui souriaient largement, qui riaient sous cape ou carrément aux éclats.

« Ils agissent comme si rien de semblable ne leur était arrivé avant. »

Une fois qu'ils eurent compris qu'il ne se passait rien d'excitant, comme un os brisé ou une blessure ensanglantée, ou encore une victime se tordant de douleur, la foule se dispersa, puis ses camarades morbides retournèrent à leur vie et se rendirent en classe.

Un bras recouvert d'une manche de pull bleu se baissa vers elle, et une main saisit la sienne pour la tirer en position assise ; une voix féminine lui demanda :

— Est-ce que ça va ? Veux-tu te lever ?

« Non, pensa Sara, je veux disparaître. »

Mais puisque cela ne risquait pas d'arriver et comme la foule s'était à peu près dissipée, Sara sourit faiblement et Ellen l'aida à se mettre sur pied.

Sara n'avait jamais parlé à Ellen avant, mais elle l'avait vue dans les couloirs. Ellen était de deux ans son aînée et fréquentait l'école de Sara depuis environ un an.

Sara en savait peu sur Ellen, mais c'était dans l'ordre des choses. Les enfants plus âgés n'établissaient jamais de relations avec les plus jeunes. Il y avait un genre de règle non officielle qui l'interdisait. Cependant, Ellen avait toujours le sourire facile, et même si elle ne semblait pas avoir beaucoup d'amis et qu'elle était seule la plupart du temps, elle avait l'air parfaitement heureux. C'était peut-être la raison pour laquelle Sara avait remarqué Ellen. Sara était aussi une solitaire. Elle préférait les choses ainsi.

— Ces planchers deviennent tellement glissants quand c'est trempé dehors, dit Ellen. Je suis étonnée qu'il n'y ait pas davantage de gens qui tombent ici.

Encore un peu étourdie et rendue atone par la gêne, Sara ne se concentrait pas sur les mots prononcés par Ellen, mais quelque chose dans son offre faisait en sorte que Sara se sentait beaucoup mieux.

C'était un peu dérangeant pour Sara de découvrir qu'elle était touchée à ce point par une autre personne. C'était vraiment une occasion rare, pour Sara, de préférer les mots prononcés par une autre à la paisible retraite de ses propres pensées secrètes. C'était bizarre, comme émotion.

— Merci, murmura Sara alors qu'elle tentait de frotter un peu la boue sur sa jupe souillée afin de la nettoyer un peu.

— Je ne pense pas que ça paraîtra beaucoup, une fois qu'elle aura séché un peu, déclara Ellen.

Et, encore une fois, ce ne furent pas les mots dits par Ellen. Il s'agissait de mots courants, de mots de tous les jours ; c'était autre chose. Un truc à propos de la façon dont elle les avait prononcés.

La voix calme et claire d'Ellen semblait alléger la sensation de tragédie et de malheur que Sara avait ressentie, et son incommensurable embarras s'envola presque complètement ; Sara se sentit mieux et plus forte.

— Oh, ce n'est pas vraiment important, répliqua Sara. Nous ferions mieux de nous dépêcher, ou nous serons en retard.

Quand elle se posa sur sa chaise – avec son coude qui élançait, ses vêtements boueux, ses lacets défaits et ses cheveux bruns et raides dans les yeux –, elle se sentit mieux qu'elle ne l'avait jamais été, assise à cette place. Ce n'était pas logique ; pourtant, c'était vrai.

La randonnée de Sara au retour de l'école fut différente, ce jour-là. Contrairement à son habitude, elle n'avait pas envie de se retirer dans ses propres pensées silencieuses sans voir plus que l'étroit chemin tracé dans la neige devant elle ; Sara se sentait plutôt alerte et vivante. Elle avait envie de chanter. Elle le fit donc. Chantonnant une mélodie connue, elle marchait avec bonheur le long de son chemin, observant les autres alors qu'ils se promenaient dans la petite ville.

En passant devant le seul restaurant de la ville, Sara songea à s'arrêter prendre une collation pour marquer la fin des cours. Souvent, un beignet glacé, un cornet de glace ou une petite portion de frites suffisait à la distraire temporairement de la longue et pénible journée passée à l'école.

« J'ai encore tout mon argent de poche de la semaine », pensa Sara, debout sur le trottoir devant le petit café, soupesant la question.

Elle décida toutefois de ne pas entrer en se rappelant les mots si souvent répétés par sa mère : « Ne gâche pas ton dîner ».

Sara n'avait jamais compris ces mots, car elle était toujours prête à manger, si ce qu'on lui offrait était bon. C'était seulement quand le repas n'avait pas l'air appétissant ou – plus décisif encore – quand il ne sentait pas bon qu'elle trouvait des excuses pour le manger du bout des lèvres ou encore ne pas y toucher.

« Il me semble plutôt que c'est quelqu'un d'autre qui le gâche », se dit Sara, tout sourire, en poursuivant son chemin vers la maison.

Elle n'avait vraiment besoin de rien, aujourd'hui, de toute façon, car aujourd'hui, tout était pour le mieux, dans le monde de Sara.

CHAPITRE QUATRE

SARA S'ARRÊTA SUR LE PONT DE la rue Principale pour regarder la glace en dessous, afin de voir si elle était suffisamment épaisse pour marcher dessus. Elle vit quelques oiseaux sur la glace et remarqua d'assez grandes empreintes de pas de chien dans la neige qui s'était déposée sur la glace, mais elle ne pensait pas que la glace soit tout à fait prête à recevoir tout son poids à elle, incluant son lourd manteau, ses bottes et un gros sac de livres.

« Mieux vaut attendre un peu », pensa Sara pendant qu'elle fixait la rivière gelée.

Retenue par la rambarde rouillée qu'elle croyait installée là uniquement pour son propre plaisir, Sara se pencha loin au-dessus de la glace, éprouvant un bien-être qu'elle n'avait pas ressenti depuis longtemps ; elle décida de rester un moment pour regarder sa merveilleuse rivière. Elle laissa tomber son sac de livres à ses pieds, puis elle s'appuya sur la balustrade de métal rouillé, son endroit favori dans le monde entier.

S'appuyant pour se reposer et savourer cet endroit, Sara sourit en se remémorant le jour où cette vieille rambarde avait été transformée en ce remarquable perchoir incliné par le camion de foin de monsieur Jackson, quand celui-ci avait freiné brusquement sur la route mouillée et glacée pour éviter de renverser Harvey, le teckel de madame Peterson. Tout le monde en parla pendant des mois, s'éternisant sur la chance qu'il avait eue que son camion ne bascule pas droit dans la rivière. Sara était toujours médusée par la façon dont les gens amplifiaient toujours les évènements pour les faire paraître plus importants et plus graves qu'ils ne l'étaient en réalité. Si le camion de monsieur Jackson s'était enfoncé dans la rivière, eh bien ce serait une autre histoire. On aurait alors raison d'en faire tout un plat. Ou bien s'il était tombé dans la rivière et s'était noyé, on aurait encore eu davantage de raison d'en parler. Mais il n'était pas tombé dans la rivière. Selon la compréhension de Sara, rien de grave n'en était résulté. Son camion n'avait subi aucun dommage. Monsieur Jackson non plus. Harvey avait eu peur et il était resté à la maison pendant plusieurs jours, mais il n'avait été blessé d'aucune façon.

« Les gens aiment s'inquiéter », en conclut Sara.

Par contre, Sara avait été folle de joie, quand elle avait découvert son nouveau perchoir incliné. Des poteaux de métal très épais étaient à présent inclinés loin au-dessus de la rivière. Si parfait qu'on aurait dit que c'était fait tout particulièrement pour le plaisir et l'enchantement de Sara.

Penchée au-dessus de la rivière et regardant en aval, Sara pouvait voir le gros tronc d'arbre s'étirant à travers la rivière, et cela la fit sourire également. Il s'agissait d'un autre « accident » qui convenait parfaitement à Sara.

Un des gros arbres qui s'alignaient au bord de la rivière avait été fortement endommagé, lors d'une tempête de vent. Le fermier à qui appartenait le champ avait rassemblé quelques volontaires venant de toute la ville, et ils avaient ébranché l'arbre pour le préparer à la coupe. Sara ne savait pas pourquoi au juste cela suscitait autant l'excitation. C'était seulement un gros et vieil arbre.

Son père ne l'avait pas laissé s'approcher suffisamment pour lui permettre d'entendre ce qu'ils disaient, mais Sara entendit quelqu'un déclarer qu'ils s'inquiétaient du fait que les lignes électriques étaient peut-être trop près. Cependant, les grosses scies recommencèrent à vrombir, et Sara ne put rien entendre de plus ; elle se tint donc à l'arrière-plan avec la plupart des gens de la ville, pour regarder ce grand évènement.

Soudain, les scies se turent, et Sara entendit quelqu'un crier : « Oh ! NON ! » Sara se souvint avoir couvert ses oreilles et fermé les yeux avec force. On eut l'impression que la ville entière avait été secouée, quand l'énorme arbre tomba. Mais quand Sara ouvrit les yeux, elle poussa de petits cris de plaisir, en voyant pour la première fois le parfait pont de bois rond reliant les petits sentiers de terre de chaque côté de la rivière.

Pendant que Sara se prélassait au soleil dans son nid de métal, suspendue au-dessus de la rivière, elle respira profondément, voulant absorber la merveilleuse odeur de la rivière. C'était hypnotique. Les parfums, le son régulier et perpétuel de l'eau.

« J'adore cette rivière », pensa Sara, contemplant encore son gros tronc d'arbre qui traversait les flots de la rivière.

Sara aimait allonger ses mains pour garder son équilibre et voir la rapidité avec laquelle elle pouvait filer le long du tronc. Elle n'avait jamais peur, mais elle se tenait toujours sur ses gardes, sachant que le plus léger glissement pouvait l'envoyer valser dans la rivière. Et pas une fois Sara ne traversait ce tronc d'arbre sans entendre les mots de prudence de sa mère, jouant de façon déplaisante dans sa tête. « Reste loin de cette rivière, Sara ! Tu pourrais te noyer ! »

Sara, toutefois, ne se préoccupait pas beaucoup de ces paroles ; plus à présent, car elle savait une chose que sa mère ignorait. Elle savait qu'elle ne pouvait pas se noyer.

Détendue, et ne faisant qu'un avec le monde, Sara s'allongea dans son perchoir et se souvint de ce qui était arrivé sur ce même tronc d'arbre deux étés auparavant. C'était à la fin de l'après-midi, après avoir complété toutes ses corvées, que Sara s'était rendue à la rivière. Elle s'était appuyée à son perchoir de métal pendant un moment, puis elle avait suivi le sentier de terre menant au tronc d'arbre. La rivière, gonflée par l'eau provenant de la fonte des neiges, était plus haute qu'à l'habitude, et l'eau léchait même le haut du tronc. Pourtant, dans un étrange débordement d'enthousiasme, elle décida de traverser le précaire pont de bois rond. Quand elle fut presque au milieu, elle fit une pause et tourna de côté sur le tronc, les deux pieds pointant en aval, vacillant à peine d'avant en arrière alors qu'elle reprenait son équilibre et son courage. À ce moment-là, Fuzzy, le bâtard galeux des Piettfield, surgit et sautilla le long du pont, reconnaissant gaiement Sara et se cognant contre elle avec une force suffisante pour la renverser dans les eaux bouillonnantes de la rivière.

« Voilà, ça y est, pensa Sara. Tout comme ma mère m'en avait prévenue, je vais me noyer ! »

Sauf que les évènements se bousculaient trop vite pour que Sara ait le temps d'y songer vraiment. Car Sara fut embarquée dans le plus incroyable et le plus formidable périple, alors qu'elle flottait sur le dos à toute vitesse dans le cours d'eau, les yeux tournés vers le ciel et admirant l'une des plus belles vues qu'il lui avait été donné de voir.

Elle avait longé les rives de cette rivière des centaines de fois, mais ce point de vue était tout à fait différent de ce qu'elle pouvait voir habituellement. Gentiment emportée sur ce surprenant coussin d'eau, elle pouvait voir le ciel bleu là-haut, encadré par des arbres parfaitement formés, tour à tour bien fournis et dégarnis, gros et petits. Tant de merveilleuses teintes de vert.

Sara n'était pas consciente que l'eau était extrêmement froide ; elle avait plutôt l'impression de flotter sur un tapis magique, doucement, silencieusement, et en toute sécurité.

Un court instant, il sembla faire plus sombre. Pendant que Sara flottait sous un épais bosquet d'arbres qui bordaient la rivière, elle ne voyait presque pas le ciel.

— Wow, ces arbres sont magnifiques !, s'exclama Sara à voix haute.

Elle n'avait jamais marché si loin en aval. Les arbres étaient luxuriants et beaux, et certaines de leurs branches trempaient dans la rivière.

Puis, une longue, solide et amicale branche sembla s'étendre jusque dans l'eau pour donner un coup de main à Sara.

— Merci à toi, arbre, dit Sara d'un ton mélodieux. C'est très gentil de ta part.

Elle se tint sur la rive, abasourdie mais euphorique, et elle tenta de reprendre ses esprits.

— Incroyable! murmura Sara quand elle aperçut l'imposante grange rouge des Peterson.

Elle avait peine à en croire ses yeux. En l'espace de ce qui semblait à Sara une minute ou deux, elle avait traversé en flottant plus de quinze kilomètres à travers les champs et les pâturages. La longue marche du retour ne posait pas de problème à Sara. Remplie d'un ravissant enthousiasme pour la vie, elle partit vers la maison en sautillant d'un pas léger.

Dès qu'elle put les retirer, Sara déposa ses vêtements mouillés et sales dans la lessiveuse et se hâta de se faire couler un bon bain chaud.

« Aucune raison de donner à maman un autre sujet d'inquiétude, avait-elle pensé. Ce n'est pas ainsi qu'elle se sentira plus rassurée. »

Sara s'allongea dans l'eau chaude, et toute sorte de feuilles, de saletés et d'insectes de rivière furent rincés hors de ses cheveux bruns frisés ; elle souriait, sachant avec certitude que sa mère avait tort.

Sara savait qu'elle ne se noierait jamais.

CHAPITRE CINQ

— SARA, ATTENDS-MOI !

Sara s'arrêta au milieu de l'intersection et attendit pendant que son petit frère courait vers elle aussi vite qu'il le pouvait.

— Tu dois venir, Sara, c'est vraiment épatant !

« Tu parles ! pensa Sara, réfléchissant aux dernières choses "vraiment épatantes" avec lesquelles Jason l'avait surprise. »

Il y avait eu le rat de grange que Jason avait piégé dans une trappe qu'il avait confectionnée lui-même et la parole qu'il lui avait donnée : « Il était vraiment vivant, la dernière fois que j'ai regardé. » À deux reprises, Jason avait piégé Sara alors qu'elle n'était pas sur ses gardes, afin qu'elle jette un coup d'œil dans son sac d'école, où elle avait une fois découvert un innocent petit oiseau – et l'autre fois une souris – tombé entre les griffes de Jason et de ses sales petits amis excités à l'idée d'essayer leur nouvelle carabine à air comprimé reçue à Noël.

« Qu'est-ce qui ne va pas, avec les garçons ? », s'interrogea Sara en attendant pendant que Jason, fatigué, avait ralenti sa course et marchait, après avoir constaté que Sara patientait. Comment peuvent-ils prendre plaisir à faire du mal à de petits animaux sans défense ? J'aimerais les piéger dans une trappe et voir comment ils aimeraient cela, pensa Sara. Je me souviens du temps où ses farces étaient moins sanglantes et même drôles, à l'occasion, mais Jason semble grandir en méchanceté. »

Sara se tenait debout au milieu de la calme rue de campagne, attendant que Jason la rejoigne. Elle réprima un sourire en se remémorant l'astucieux canular monté par Jason, la fois où il avait baissé la tête sur son pupitre pour cacher des vomissures en caoutchouc brillant, pour ensuite lever ses grands yeux bruns au moment où son professeur se tenait au-dessus de lui, exposant du même coup son trophée propre à donner la nausée. Madame Johnson s'était précipitée hors de la pièce pour aller chercher le concierge afin qu'il nettoie le dégât, mais quand elle était revenue, Jason lui avait déclaré qu'il s'en était chargé et elle en fut tellement soulagée qu'elle ne lui posa même pas de questions. Jason reçut la permission de rentrer à la maison.

Sara fut étonnée par la naïveté de madame Johnson, qui ne s'était même pas demandé pourquoi des vomissures en apparence fraîches et liquides pouvaient rester en petit tas bien net sur un pupitre avec une pente assez importante. Il est vrai que madame Johnson n'avait pas autant d'expérience avec Jason que Sara, et elle devait l'admettre, il l'avait mystifiée plus d'une fois, à son époque naïve, mais plus maintenant. Sara savait à quoi s'en tenir, avec Jason.

— Sara ! cria Jason, essoufflé et excité.

Sara recula.

— Pas besoin de crier, je ne suis qu'à un mètre de toi.

— Désolé.

Jason avala sa salive en essayant de reprendre son souffle.

— Tu dois venir ! Solomon est revenu !

— Qui est Solomon ? demanda Sara, regrettant sa question dès qu'elle fut sortie de sa bouche ; elle ne voulait pas montrer la moindre trace d'intérêt envers le bavardage de Jason.

— Solomon ! Tu sais, *Solomon*. L'oiseau géant du sentier Thacker !

— Je n'ai jamais entendu parler d'un oiseau géant sur le sentier Thacker, consentit-elle à répondre, faisant transparaître dans sa voix autant d'ennui qu'elle le pouvait à si peu d'avis. Jason, je ne suis intéressée par aucun de tes nouveaux stupides oiseaux.

— Cet oiseau n'est pas stupide, Sara, il est gigantesque ! Tu devrais le voir. Billy dit qu'il est plus gros que la voiture de son père. Sara, tu dois venir, s' i l t e p l a î t.

— Jason, un oiseau ne peut pas être plus gros qu'une voiture.

— Oui, il peut ! Tu peux le demander au père de Billy ! Un jour, il roulait vers sa maison, et il a dit qu'il a vu une ombre tellement grande qu'il a pensé qu'un avion volait au-dessus de lui. Elle a recouvert toute la voiture. Sauf qu'il ne s'agissait pas d'un avion, Sara, c'était Solomon !

Sara dut admettre que l'enthousiasme de Jason pour Solomon commençait à déteindre un peu sur elle.

— J'irai une autre fois, Jason. Je dois rentrer à la maison.

— Oh, Sara, viens, je t'en prie ! Solomon ne reviendra peut-être plus ici. Tu dois venir, Sara, il le faut !

L'insistance de Jason commençait à inquiéter Sara. Il n'était normalement pas si passionné. D'habitude, quand il sentait que la volonté de Sara prenait le dessus, il abandonnait tout simplement la partie et restait tranquille en attendant la prochaine occasion de la prendre par surprise. Après plusieurs tentatives, il avait appris que plus il pressait Sara à faire quelque chose contre sa volonté, plus Sara se campait dans ses positions. Cependant, la situation était différente, cette fois. Jason semblait entendre un appel pressant, et Sara croyait ne l'avoir jamais vu ainsi auparavant, ce qui la poussa à lui céder, à la grande surprise et à l'immense joie de Jason.

— Bon, d'accord, Jason. Où donc est cet oiseau géant?

— Il s'appelle Solomon.

— Comment sais-tu son nom?

— C'est le nom que lui a donné le père de Billy. Il dit que c'est un hibou. Et les hiboux sont sages. C'est pourquoi il doit se nommer Solomon.

Sara pressa le pas pour rester aux côtés de Jason.

« Il est vraiment énervé à propos de cet oiseau, pensa Sara. C'est bizarre. »

— Il est là-dedans, quelque part, déclara Jason. Il demeure ici.

Sara était souvent amusée par la fausse assurance de Jason, quand elle savait qu'il ne connaissait pas vraiment son sujet. Mais, la plupart du temps, Sara jouait le jeu et prétendait ne pas le remarquer. C'était plus facile ainsi.

Ils regardèrent à l'intérieur du fourré défeuillé à présent recouvert de neige. Ils longèrent à pied une palissade en décrépitude avancée, suivant un étroit sentier dans la neige, tracé par un chien solitaire ayant, selon toute évidence, couru là peu de temps avant eux…

Sara ne se promenait presque jamais sur ce sentier, en hiver. Il était à l'écart de son habituel circuit pédestre entre l'école et la maison. C'était, par contre, un endroit où Sara avait passé d'innombrables heures bienheureuses, pendant l'été. Sara marchait en relevant tous les creux et les fissures, heureuse de revisiter son vieux sentier.

« La meilleure chose à propos de ce sentier, songea Sara, c'est que je l'avais presque pour moi seule. Pas de voitures qui passaient, ni de voisins. C'est un sentier paisible. Je devrais venir y marcher plus souvent. »

— Solomon !

La voix de Jason résonna, faisant sursauter Sara. Enfin quoi, elle ne s'était pas attendue à ce qu'il crie.

— Jason, ne crie pas après Solomon. S'il est ici, il n'y restera pas, si tu continues comme cela.

— Il est ici, Sara. Je te l'ai dit, il vit ici. Et s'il était parti, nous l'aurions vu. Il est vraiment gros, Sara, vraiment !

Sara et Jason s'enfoncèrent de plus en plus profondément dans le fourré, se baissant pour passer sous un fil rouillé, un des derniers vestiges de cette vieille palissade branlante. Ils marchaient lentement, avançant avec une grande prudence, ne sachant pas ce qui pourrait être enseveli dans la neige qui atteignait leurs genoux.

— Jason, je commence à avoir froid.

— Juste encore un peu, Sara. S'il te plaît ?

Sara acquiesça, davantage pour satisfaire sa propre curiosité qu'en raison de l'insistance de Jason.

— D'accord, Jason, cinq minutes de PLUS ! hurla Sara en mettant le pied dans un fossé d'irrigation camouflé par la neige et en s'enfonçant jusqu'à la taille.

La neige froide et mouillée s'infiltra jusque sous le manteau et la blouse de Sara et se colla tout contre sa peau nue.

— Ça va, Jason, c'est assez ! Je rentre à la maison !

Jason était déçu qu'ils n'aient pas trouvé Solomon, mais l'agacement de Sara avait détourné son attention de ce fait. Peu de chose faisait autant plaisir à Jason que l'agacement de Sara. Jason rit de bon cœur pendant que Sara secouait la neige mouillée pour la faire sortir de sous ses vêtements.

— Oh, tu crois que c'est drôle, n'est-ce pas, Jason ? Tu as probablement inventé toute cette histoire à propos de Solomon uniquement pour me voir trempée et en colère !

Jason rit alors qu'il courait devant Sara. Bien que l'irritation de Sara lui apportât beaucoup de plaisir, il avait sagement appris à garder ses distances.

— Non, Sara, Solomon existe. Tu verras.

— Mouais, bien sûr ! répondit Sara à Jason d'un ton railleur.

Mais pour une raison ou pour une autre, Sara savait que Jason avait raison.

CHAPITRE SIX

SARA N'AVAIT AUCUN SOUVENIR D'UN TEMPS où elle avait pu facilement se concentrer sur ce qui se déroulait en classe.

« L'école est réellement l'endroit le plus ennuyeux au monde », en avait-elle conclu, longtemps auparavant.

Ce jour était néanmoins le plus difficile de sa vie, sans exception. Elle n'arrivait pas à focaliser son esprit sur les paroles du professeur. Il la ramenait sans cesse vers le fourré. Dès que la dernière cloche sonna, Sara enfonça son sac de livres dans son casier et elle se rendit directement là-bas.

« Je suis probablement folle, se dit-elle doucement, alors qu'elle s'enfonçait de plus en plus profondément dans le fourré, traçant son propre chemin dans la neige épaisse à mesure qu'elle avançait. Je cherche un oiseau ridicule vraisemblablement imaginaire. En tout cas, si je ne le vois pas tout de suite, je tourne les talons. Je ne veux pas que Jason sache que je suis ici ni que j'éprouve le plus petit intérêt pour cet oiseau. »

Sara s'arrêta pour écouter. C'était tellement paisible qu'elle s'entendait respirer. Elle ne voyait aucune autre créature vivante. Pas un oiseau, pas un écureuil. Rien. De fait, si ce n'était des traces que Sara, Jason et le chien solitaire avaient laissées lors de leur passage là la veille, Sara aurait pu croire qu'elle était effectivement le seul être vivant sur la planète.

C'était réellement un beau jour d'hiver. Le soleil avait brillé intensément tout l'après-midi et la croûte de neige était luisante et mouillée, fondant lentement. Tout était chatoyant. D'habitude, une journée comme celle-ci donnait des ailes à Sara. Que pouvait-il y avoir de mieux que d'être en congé, entièrement seule, méditant sur ses pensées intimes au cours d'une belle journée comme celle-ci? Sara était toutefois exaspérée. Elle avait espéré que Solomon serait facile à trouver. D'une certaine façon, penser au fourré et à la possibilité de repérer cet oiseau mystérieux avait piqué la curiosité de Sara, sauf qu'à présent, enfoncée dans la neige jusqu'aux genoux, elle commençait à se sentir idiote.

— Où est cet oiseau? Oh, ça suffit! Je rentre à la maison!

Frustrée, Sara resta debout au milieu du fourré, ressentant de la colère et de la tristesse et se sentant un peu perdue. Elle commença à rebrousser chemin hors du fourré, par là où elle était venue, quand elle fit une pause pour évaluer s'il serait plus rapide de couper à travers le pâturage, ce raccourci qu'elle utilisait si souvent pendant les mois d'été.

« Je suis certaine que la rivière est gelée, à présent. Peut-être pourrais-je la traverser quelque part par ici, là où elle est étroite », pensa Sara en penchant la tête pour passer sous l'unique fil de fer de la palissade.

Sara était étonnée de voir à quel point elle n'arrivait pas à s'orienter, à cet endroit, pendant l'hiver. Elle avait traversé ce pâturage des centaines de fois. Il s'agissait du pâturage où son oncle amenait son cheval brouter, pendant les mois estivaux. Mais tout avait l'air très différent, quand tous ses repères étaient enfouis sous la neige. Ici, la rivière était complètement gelée et était couverte de plusieurs centimètres de neige. Sara s'arrêta, essayant de se rappeler l'endroit où la rivière rétrécissait. À ce moment-là, elle sentit la glace céder à quelque distance sous ses pieds, et avant qu'elle réalise ce qui lui arrivait, elle se retrouva étendue le dos contre la glace précaire, ses vêtements s'imprégnant à toute vitesse d'eau glacée. Le souvenir de l'extraordinaire balade que lui avait offerte cette rivière surgit dans l'esprit de Sara, et pendant un bref instant, une réelle panique s'empara d'elle pendant qu'elle imaginait la même balade, mais cette fois dans l'eau gelée, et elle se voyait emporter en aval jusqu'à ce qu'elle gèle à mort.

— As-tu oublié que tu ne peux pas te noyer?

Une voix aimable se fit entendre quelque part au-dessus de la tête de Sara.

— Qui est là ? demanda Sara, regardant tout autour, levant les yeux vers les arbres dénudés, plissant les paupières pour se protéger du soleil éclatant qui se reflétait sur l'ensemble du paysage recouvert de neige qui l'entourait.

« Qui que tu sois, pourquoi ne m'aides-tu pas à sortir d'ici ? » pensa Sara alors qu'elle était allongée sur la glace qui se fendillait, effrayée de faire un mouvement qui la ferait se rompre complètement sous elle.

— La glace te soutiendra. Tout ce que tu dois faire, c'est te retourner sur les genoux et ramper jusqu'ici, lui dit son mystérieux ami.

Donc, sans lever les yeux, Sara se retourna sur le ventre et, très lentement, elle se mit à genoux. Puis, délicatement, elle commença à ramper dans la direction de la voix.

Sara n'était pas d'humeur à faire la conversation. Pas maintenant. Elle était mouillée jusqu'aux os et frigorifiée, ainsi qu'en furie contre elle-même pour avoir fait une chose aussi stupide. Ce qui retenait le plus son attention, en ce moment, c'était l'idée de rentrer à la maison et de passer d'autres vêtements avant qu'une autre personne y soit aussi et la surprenne dans ces vêtements qui la trahiraient.

— Je dois partir, dit Sara, fermant à demi les yeux sous le soleil pour regarder dans la direction de la personne avec qui elle avait échangé quelques paroles.

Elle commença péniblement à faire le chemin inverse en passant dans ses traces, engourdie par le froid et furieuse de sa décision de traverser cette stupide rivière. Puis, elle eut une révélation :

— Hé, comment se fait-il que *tu* saches que je ne peux pas me noyer ?

Elle ne reçut aucune réponse.

— Où es-tu allé ? Hé, où es-tu ? lui cria-t-elle à tout vent.

C'est alors que le plus gros oiseau que Sara ait jamais vu prit son envol de la cime d'un arbre, s'éleva haut dans le ciel, dessina un cercle autour du fourré et du pâturage au sol, puis disparut dans le soleil.

Sara resta coite de stupeur, les yeux mi-clos dans la lumière du soleil.

« Solomon. »

CHAPITRE SEPT

Le lendemain matin, Sara s'éveilla et, comme d'habitude, elle se cacha sous les couvertures pour se préparer mentalement à affronter une nouvelle journée. Puis, elle se souvint de Solomon.

« Solomon, se dit Sara, t'ai-je réellement aperçu, ou bien ai-je rêvé ? »

Mais ensuite, alors que Sara sortait de son sommeil, elle se rappela s'être rendue dans le fourré à la recherche de Solomon à la fin des cours, ainsi que la glace qui avait cédé sous elle.

« Non, Solomon, tu n'étais pas un rêve. Jason avait raison. Tu existes. »

Sara tressaillit, en songeant à Jason et à Billy s'égosillant en marchant à travers le fourré pour trouver Solomon. Juste à ce moment-là, le lourd sentiment de nervosité qu'elle éprouvait toujours en pensant à Jason entrant dans sa vie à grands fracas l'envahit d'un coup.

« Je ne dirai pas à Jason, ni à personne que j'ai vu Solomon. C'est mon secret. »

Sara dut carrément lutter toute la journée pour accorder son attention à son professeur. Son esprit la ramenait continuellement vers le fourré chatoyant et ce gigantesque oiseau magique. « Solomon m'a-t-il vraiment adressé la parole ? s'interrogea-t-elle. Ou bien l'ai-je seulement imaginé ? J'étais peut-être étourdie par la chute. Je me suis peut-être évanouie et j'ai rêvé. Ou bien est-ce réellement arrivé ? »

Sara était impatiente de retourner dans le fourré pour découvrir si Solomon était réel.

Quand la dernière cloche sonna, Sara s'arrêta à son casier pour y déposer ses livres et elle les coiffa de son sac. C'était probablement la deuxième fois, à ce jour, que Sara ne trimballait pas tous ses livres jusqu'à la maison. Elle avait découvert qu'avoir les bras chargés de livres semblait la protéger de toute intrusion de la part de camarades de classe. Ils lui fournissaient, elle ne savait comment, une barrière la protégeant d'importuns frivoles et enjoués. Aujourd'hui, par contre, elle ne voulait rien qui puisse la ralentir. Elle franchit les portes d'entrée à la vitesse de l'éclair, filant droit en direction du sentier Thacker.

Alors que Sara quittait la rue pavée et s'engageait dans le sentier Thacker, elle vit un immense hibou perché sur un poteau de clôture, à la vue de tous, en plein air. C'était presque comme s'il l'attendait. Sara fut étonnée de trouver Solomon aussi aisément. Elle avait passé tellement de temps à chercher ce mystérieux oiseau chimérique, et voilà qu'il était là, perché comme s'il avait toujours été à cet endroit.

Sara ne savait pas trop de quelle façon elle devait aborder Solomon.

« Que dois-je faire ? songea-t-elle. Ça semble étrange de simplement s'approcher d'un grand hibou et de lui dire : “Bonjour, comment vas-tu, aujourd'hui ?” »

— Bonjour, comment vas-tu, aujourd'hui ? demanda le grand hibou à Sara.

Sara recula d'environ un mètre. Solomon rit de bon cœur.

— Je ne voulais pas t'effrayer, Sara. Comment vas-tu, aujourd'hui ?

— Je vais bien, merci. Seulement je n'ai pas l'habitude de parler à des hiboux, c'est tout.

— Oh, c'est dommage, dit Solomon. Quelques-uns de mes meilleurs amis sont des hiboux.

Sara s'esclaffa.

— Tu es drôle, Solomon.

— Solomon, hum, dit le hibou. Solomon est un joli nom. Oui, je crois que je l'aime bien.

Sara rougit d'embarras. Elle avait oublié qu'ils n'avaient jamais été correctement présentés l'un à l'autre. Jason avait dit à Sara que le hibou se prénommait Solomon. Mais c'est le père de Billy qui avait choisi ce nom.

— Oh, je suis vraiment désolée, dit Sara. J'aurais dû te demander comment tu t'appelles.

— Eh bien, je n'ai jamais songé à cela, en vérité, dit le hibou. Solomon est un beau nom, par contre. J'aime cela.

— Que veux-tu dire, tu n'y as jamais réfléchi ? Tu veux dire que tu n'as pas de nom ?

— Non, pas vraiment, répondit le hibou.

Sara n'en croyait pas ses oreilles.

— Comment est-il possible que tu n'aies pas de nom ?

— Eh bien, vois-tu, Sara, seuls les gens ont besoin de vocables pour identifier les choses. Le reste d'entre nous semblent savoir qui nous sommes, et les vocables ne sont pas si importants pour nous. Mais j'aime vraiment ce nom, Solomon. Et puisque tu as l'habitude d'appeler les autres par leur nom, celui-là me convient bien. Oui, j'aime ce nom. Ce sera donc Solomon.

Solomon avait l'air de prendre tellement de plaisir à son nouveau nom que la gêne de Sara se dissipa. Que cet oiseau ait un nom ou pas, il était fort agréable de lui parler.

— Solomon, crois-tu que je devrais parler de toi à quelqu'un ?

— Peut-être. Le moment venu.

— Donc, tu crois que je devrais te garder secret pour l'instant, n'est-ce pas ?

— Ça vaudrait mieux, pour un certain temps. Jusqu'à ce que tu découvres ce que tu pourrais raconter.

— Ah oui, j'imagine que j'aurais l'air plutôt idiot. J'ai cet ami hibou qui me parle sans remuer les lèvres.

— Et je pourrais aussi sagement te faire remarquer, Sara, que les hiboux n'ont pas de lèvres.

Sara rit. C'était un oiseau très drôle.

— Oh, Solomon, tu sais ce que je veux dire. Comment arrives-tu à parler sans utiliser ta bouche ? Et comment cela se fait-il que je n'aie jamais entendu une personne d'ici raconter qu'elle parlait avec toi ?

— Personne d'autre ici ne m'a entendu. Ce n'est pas le son de ma voix que tu entends, Sara. **Tu reçois mes pensées.**

— Je ne comprends pas. Je peux t'entendre !

— Tu as l'impression de m'entendre, et c'est bien le cas, mais pas avec tes oreilles. Pas de la façon dont tu entends les autres sons.

Sara releva son foulard autour de son cou et tira son bonnet de laine sur ses oreilles, quand un vent froid balaya l'air autour d'elle.

— La nuit tombera bientôt, Sara. Tu peux venir me voir plus longtemps, demain. Réfléchis à notre discussion. Pendant que tu rêveras, ce soir, remarque ce que tu peux voir. Même si tes yeux sont fermés, tu verras, dans ton rêve. **Donc, si tu n'as pas besoin de tes yeux pour voir, tu n'as pas besoin de tes oreilles pour entendre.**

Avant que Sara ne puisse souligner que les rêves sont différents de la vraie vie, Solomon dit :

— Au revoir, Sara. N'est-ce pas une charmante journée ?

Sur ces paroles, Solomon bondit dans les airs, et en se soulevant grâce à ses puissantes ailes, il s'éleva loin au-dessus du fourré, du poteau de clôture et de sa minuscule amie en bas.

« Solomon, songea Sara, tu es gigantesque ! »

Sara se rappela les paroles de Jason : « Il est gigantesque, Sara, tu dois venir le voir ! »

En se frayant un chemin dans la neige vers la maison, elle se souvint comment il l'avait presque traînée jusqu'au fourré, courant, tant il était excité, au point où Sara avait eu de la difficulté à le suivre.

« Étrange, songea Sara, il était passionné à l'idée de me montrer cet oiseau gigantesque, et pourtant, ces trois derniers jours, il n'en a pas parlé du tout. Je suis étonnée que lui et Billy ne soient pas venus ici chaque jour pour chercher Solomon. C'est comme s'il avait tout oublié à son sujet. Je dois me souvenir de poser la question à Solomon, demain. »

Au cours des jours suivants, Sara se surprit souvent à se dire : « Je dois questionner Solomon à ce propos ». En fait, elle prit l'habitude de mettre dans sa poche un petit carnet pour prendre des notes sur les sujets dont elle voulait discuter.

Il semblait ne jamais y avoir suffisamment de temps pour parler à Solomon de toutes les choses qu'elle souhaitait aborder avec lui. Sara disposait d'une petite période de temps d'à peine plus de trente minutes entre la fin des classes et le moment où elle devait rentrer à la maison pour s'acquitter des tâches qui lui étaient confiées après l'école, et cela, avant le retour de sa mère.

« Ce n'est pas juste, commençait-elle à penser. Je passe ma journée avec des professeurs ennuyeux qui ne possèdent même pas le dixième de l'intelligence de Solomon et seulement trente minutes avec le professeur le plus brillant que j'aie jamais eu. Hum, professeur. J'ai un hibou pour professeur. »

Cette pensée fit rire Sara aux éclats.

— Je vais devoir questionner Solomon à ce sujet.

CHAPITRE HUIT

— Solomon, es-tu professeur ?

— Oui, tout à fait, Sara.

— Pourtant, tu ne parles pas des mêmes choses que les « vrais », pardon, « autres » professeurs. C'est-à-dire que tu parles de choses qui m'intéressent. Tu discutes de choses qui sont chouettes.

— En fait, Sara, je parle seulement des sujets dont toi, tu discutes. C'est seulement quand tu poses une question que l'information que je peux t'offrir a une valeur à tes yeux. Toutes ces réponses qui sont fournies sans qu'aucune question soit posée sont en réalité une perte de temps pour tout le monde. Ce n'est amusant ni pour l'élève ni pour le professeur.

Sara réfléchit à ce que Solomon avait dit, et elle comprit qu'à moins qu'elle n'ait posé une question à Solomon, il ne parlait pas de grand-chose.

— Une minute, Solomon. Je me souviens d'une chose que tu m'as dite sans que j'aie posé de questions.

— Et de quoi s'agit-il, Sara?

— De la toute première chose que tu m'as dite, Solomon : «As-tu oublié que tu ne peux pas te noyer?» Je ne t'avais pas adressé la parole. J'étais étendue là, sur la glace, mais je ne te questionnais pas.

— Ah! Il semble que Solomon ne soit pas le seul, ici, qui puisse parler sans bouger les lèvres.

— Que veux-tu dire?

— Tu demandais, Sara, mais pas avec des mots. Les questions ne sont pas toujours posées avec des mots.

— Ça, c'est étrange, Solomon. Comment peut-on demander quelque chose sans parler?

— En pensant à la question. Plusieurs êtres et créatures communiquent à travers la pensée. De fait, il y en a davantage qui communiquent de cette façon plutôt qu'avec des mots. Réfléchis à cela.

«Vois-tu, Sara, je suis un saaaage et vieux professeur qui a compris depuis longtemps que fou-ou-ou-rnir de l'information à un élève qui n'en fait pas la demande est une perte de temps.

Sara rit, car Solomon avait insisté sur le mot sage de façon ringarde et il avait exagéré le son «ou» du mot «fournir» pour le faire ressembler au cri du hibou.

«J'aime ce drôle d'oiseau», pensa Sara.

— Je t'aime aussi, Sara, répondit Solomon.

Sara rougit, ayant déjà oublié que Solomon pouvait entendre ses pensées.

Ensuite, sans un mot de plus, Solomon s'éleva avec force dans le ciel, et Sara le perdit de vue.

CHAPITRE NEUF

— J'AIMERAIS POUVOIR VOLER COMME TOI, SOLOMON.

— Pourquoi, Sara ? Pourquoi aimerais-tu voler ?

— Ah, Solomon ! C'est tellement lassant de devoir marcher ici, sur le sol, tout le temps. C'est tellement lent. Ça prend une éternité pour se rendre à un endroit, et on ne peut pas voir grand-chose, en plus. Uniquement les choses sur le sol autour de nous. Des choses ennuyeuses.

— Quoi qu'il en soit, Sara, il semble que tu n'aies pas vraiment répondu à ma question.

— Oui, Solomon, j'y ai répondu. J'ai dit que je voudrais voler parce que…

— Parce que tu n'aimes pas marcher ici, sur le sol sans intérêt. Vois-tu, Sara, tu ne m'as pas dit pourquoi tu veux voler. Tu m'as dit pourquoi tu ne veux pas *ne pas* voler.

— Il y a une différence ?

— Oh oui, Sara. Une très grande différence. Essaie encore.

Un peu étonnée par la nouvelle attitude pointilleuse que Solomon avait décidé d'adopter, Sara recommença.

— D'accord, je veux voler parce que marcher n'est pas très amusant et que ça prend trop de temps lorsqu'on marche au sol.

— Sara, as-tu remarqué que tu parles encore davantage de ce que tu ne veux pas et des raisons de ton refus ? Essaie encore.

— D'accord. Je veux voler parce que… je ne comprends pas, Solomon. Que veux-tu que je te dise ?

— Je veux que tu parles de ce que tu *veux*, Sara.

— JE VEUX VOLER ! cria Sara, frustrée par l'incompréhension de Solomon.

— À présent, Sara, dis-moi pourquoi tu veux voler. Comment est-ce que ce serait ? Que ressentirais-tu ? Fais en sorte que ce soit réel pour moi, Sara. Décris-moi la sensation de voler. Je ne veux pas que tu me dises comment c'est au sol ou ce que voler n'est pas. Je veux que tu me dises comment c'est de voler.

Sara ferma les yeux, saisissant maintenant l'essentiel de la pensée de Solomon, puis elle se lança.

— Voler donne un sentiment de grande liberté, Solomon. C'est comme de flotter, sauf que c'est à plus vive allure.

— Dis-moi, que verrais-tu, si tu volais ?

— Je verrais toute la ville en dessous de moi. Je verrais la rue Principale et les voitures qui y roulent et les gens qui y marchent. Je verrais la rivière. Je verrais mon école.

— Quelle sensation éprouve-t-on, en volant ? Décris ce que l'on ressent à voler.

Les yeux fermés, Sara marqua une pause et feignit de voler loin au-dessus de sa ville.

— Ce serait tellement amusant, Solomon ! Il ne fait aucun doute que voler doit être très amusant. Je pourrais m'élever aussi vite que le vent. Ce serait un sentiment de grande liberté. C'est tellement agréable, Solomon! continua Sara, à présent entièrement absorbée par sa vision imaginaire. Puis, soudain, Sara éprouva le même sentiment de puissance qu'elle avait décelé dans les ailes de Solomon quand elle l'avait vu s'élever de son poteau jour après jour. Sara sentit un *froutch* en elle qui lui coupa le souffle. Pendant un moment, son corps sembla peser dix mille kilos, puis, d'un coup, elle se trouva en état d'apesanteur. L'instant d'après, elle volait.

— Solomon, lui dit Sara en poussant de petits cris de plaisir, regarde-moi, je vole!

Solomon volait à ses côtés et ensemble ils montèrent loin au-dessus de la ville de Sara. La ville où Sara était née. La ville dont Sara avait exploré à pied chaque centimètre carré. La ville que Sara découvrait d'un poste d'observation qu'elle n'aurait jamais songé à imaginer.

— Wow! C'est merveilleux, Solomon! Oh, j'adore cela, Solomon!

Solomon sourit et se réjouit de l'extraordinaire enthousiasme de Sara.

— Où allons-nous, Solomon?

— Tu peux aller là où tu en as envie.

— C'est formidable! lâcha Sara en baissant les yeux vers sa petite ville paisible. Elle ne lui avait jamais paru aussi belle qu'en ce jour.

Sara avait déjà vu sa ville du haut des airs une fois auparavant, quand son oncle les avait emmenés, elle et sa famille, dans son petit avion. Sauf que Sara n'avait pas pu voir grand-chose. Les vitres dans l'avion étaient très hautes, et chaque fois qu'elle s'était redressée sur ses genoux pour mieux voir, son père lui avait ordonné de se rasseoir et de boucler sa ceinture de sécurité. Elle ne s'était pas vraiment beaucoup amusée, ce jour-là.

Mais c'était très différent, en ce moment. Elle pouvait tout voir. Elle pouvait voir toutes les rues et tous les édifices de sa ville. Elle pouvait voir les quelques petits commerces répartis sur la rue Principale : l'épicerie Hoyt, la pharmacie de Pete et le bureau de poste… Elle pouvait voir sa belle rivière qui serpentait à travers la ville et quelques voitures qui se déplaçaient, ainsi qu'une poignée de gens qui marchaient ici et là.

— Oh, Solomon! dit Sara à bout de souffle, c'est la chose la plus merveilleuse que j'aie jamais vécue. Allons à mon école, Solomon. Je vais te montrer où je passe mes journ…

La voix de Sara se perdit alors qu'elle accélérait en direction de son école.

— L'école semble si différente, vue d'en haut!

Sara fut surprise de voir à quel point son école semblait grande. Le toit avait l'air de s'étendre loin à l'horizon.

— Wow! s'exclama Sara. Pouvons-nous descendre plus près, ou devons-nous rester aussi haut?

— Tu peux aller là où tu le souhaites, Sara.

Sara poussa un autre petit cri de joie, puis elle descendit en piqué vers la cour de récréation et passa lentement devant la fenêtre de sa classe.

— C'est épatant! Regarde, Solomon! On peut voir mon pupitre, et voilà monsieur Jorgensen.

Sara et Solomon planèrent d'un bout à l'autre de la ville de Sara, descendant rapidement vers le sol, puis s'élevant dans les airs et touchant presque les nuages.

— Solomon, regarde, c'est Jason et Billy.

— Ohé, Jason, regarde-moi ! Je vole ! cria Sara.

Mais Jason ne l'entendit pas.

— Hé, Jason ! dit Sara, plus fort cette fois. Regarde-moi ! Je vole !

— Jason ne peut pas t'entendre, Sara.

— Pourquoi pas? Je peux l'entendre, moi.

— Il est trop tôt pour Jason, Sara. Il ne demande pas encore. Mais il le fera. Au moment opportun.

Sara comprenait maintenant plus clairement pourquoi Jason et Billy n'avaient pas encore trouvé Solomon.

— Ils ne peuvent pas te voir non plus, n'est-ce pas, Solomon ?

Sara était contente que Jason et Billy ne puissent pas voir Solomon.

« Ils seraient vraiment envahissants, s'ils pouvaient le voir », se dit-elle.

Sara ne se souvenait pas d'un autre moment dans sa vie où elle avait passé de si merveilleux instants. Elle s'élevait dans le ciel, si haut que les voitures sur la rue Principale ressemblaient à de petites fourmis vaquant à leurs occupations. Ensuite, sans que cela paraisse lui demander un effort quelconque, elle piquait vers le bas, très près du sol, poussant des cris en ressentant la vitesse remarquable de son vol. Elle descendit exactement au-dessus de la rivière et plana en maintenant son visage si près de l'eau qu'elle pouvait sentir la douce odeur de l'écume ; elle fila sous le pont de la rue Principale et émergea à toute vitesse à l'autre bout. Solomon suivait son rythme à la perfection, comme s'ils avaient répété ce vol des centaines de fois.

Ils volèrent pendant ce qui sembla des heures, puis le même *froutch* puissant qui avait propulsé Sara dans les airs la ramena dans son corps et de nouveau sur le sol.

Sara était excitée au point où elle avait peine à reprendre son souffle. Cette expérience avait été sans contredit la plus exceptionnelle de sa vie.

— Oh, Solomon, c'était merveilleux ! cria Sara.

Sara avait l'impression d'avoir volé pendant des heures.

— Quelle heure est-il ? laissa tomber Sara en regardant sa montre, certaine qu'elle se retrouverait dans le pétrin en raison de son immense retard, mais cette dernière indiquait qu'à peine quelques secondes s'étaient écoulées, entre le moment de son envol et maintenant.

— Solomon, est-ce que tu te rends compte de l'existence étrange qu'est la tienne ? Rien n'est tout à fait comme on s'y attend.

— Que veux-tu dire, Sara ?

— Eh bien, nous pouvons par exemple faire le tour de la ville en volant et le temps s'arrête. Ne trouves-tu pas cela étrange ? Et le fait que je puisse te voir et te parler, alors que Jason et Billy ne peuvent faire ni l'un ni l'autre. Ne trouves-tu pas cela étrange ?

— Si leur désir était assez fort, ils le pourraient, Sara, et si mon désir était assez fort, je pourrais influencer leur désir.

— Que veux-tu dire ?

— C'était leur enthousiasme pour quelque chose qu'ils n'avaient pas vraiment vu qui t'a amené vers mon fourré. Ils ont été un maillon très important dans le déroulement de notre rencontre.

— Mouais, j'imagine.

Sara n'avait pas très envie d'accorder du mérite à son frère pour cette extraordinaire expérience. Elle avait l'habitude de le considérer comme une épine dans son pied et elle se sentait plus à l'aise de le garder dans ce rôle. Il serait à présent la clé de son réjouissant éveil spirituel ? Pour l'instant, c'était trop lui demander.

— Sara, dis-moi ce que tu as appris aujourd'hui ? demanda Solomon avec un sourire.

— J'ai appris que je peux voler à travers la ville sans que le temps s'écoule ? déclara Sara d'un air interrogateur en se demandant si c'était la réponse qu'il souhaitait. J'ai appris que Jason et Billy ne peuvent pas m'entendre ni me voir quand je vole, parce qu'ils sont trop jeunes ou pas encore prêts ? J'ai appris qu'il ne fait pas froid du tout, là-haut, quand on vole ?

— Tout ça est très bien, et nous pourrons en parler plus tard, mais as-tu remarqué, Sara, que tant que tu as parlé de ce que tu ne voulais **pas** tu n'as pas été en mesure d'obtenir ce que tu **voulais** ? À l'inverse, quand tu as commencé à parler de ce que tu voulais, ou encore mieux, quand tu as commencé à ressentir ce que tu voulais, c'est alors arrivé aussitôt.

Sara garda le silence en essayant de se remémorer ses pensées. Il ne lui était toutefois pas facile de savoir ce à quoi elle réfléchissait et ce qu'elle ressentait avant de voler. Elle préférait de beaucoup songer à la partie où elle volait.

— Réfléchis à cela aussi souvent que tu le peux, Sara, et mets-le en application tout aussi souvent.

— Tu veux que je m'entraîne à voler ? D'accord !

— Pas seulement à voler, Sara. **Je veux que tu t'entraînes à penser à ce que tu veux et à la raison pour laquelle tu veux ce que tu veux,** jusqu'à ce que tu sois réellement capable de le ressentir. C'est la chose la plus importante que je puisse t'enseigner, Sara. Amuse-toi à le faire.

Et à ces mots, Solomon s'éleva et partit.

« C'est la plus belle journée de ma vie ! pensa Sara. Aujourd'hui, j'ai appris à voler ! »

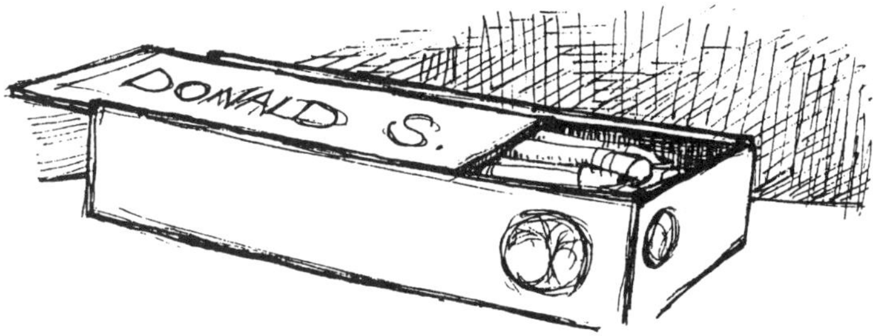

CHAPITRE DIX

— HEP, BÉBÉ ! EST-CE QUE TU mouilles encore ton lit, la nuit ?

Sara éprouva de la colère, en les voyant rire aux dépens de Donald. Puisqu'elle était trop timide pour s'interposer, elle tenta de détourner le regard pour ne pas voir ce qui se passait.

— Ils se pensent tellement intelligents, dit Sara à voix basse. Ils sont tout simplement méchants.

Deux garçons « trop sympas pour être vrais » fréquentant la même classe que Sara et qui étaient presque toujours ensemble se moquaient de Donald, un nouvel élève arrivé dans leur groupe depuis seulement deux jours. Sa famille venait tout juste de s'établir en ville, et elle louait une vieille maison mal entretenue au bout de la rue où demeurait Sara. La maison était restée vide pendant des mois, et la mère de Sara avait été heureuse de voir quelqu'un y aménager enfin. Sara avait remarqué le vieux camion brimbalant que l'on déchargeait, et elle s'était demandé si les quelques pièces d'ameublement usé étaient tout ce que cette famille possédait.

C'était déjà assez difficile d'être nouveau en ville et de ne connaître personne, mais si en plus il fallait subir les attaques verbales de ces deux matamores, c'en était trop. Alors qu'elle se tenait debout dans le couloir, les yeux de Sara s'emplirent de larmes en regardant Lynn et Tommy faire exprès pour rendre Donald mal à l'aise. Elle se souvint de l'explosion de rires qui s'était produite la veille, dans sa classe, quand on avait demandé à Donal de se lever pour être présenté à ses camarades et qu'il s'était mis debout un plumier en plastique rouge vif à la main. Sara convenait que ce n'était pas la chose la plus géniale à faire. Cela aurait été plus approprié de la part d'un enfant de l'âge de son frère, mais elle ne croyait pas que ça méritait d'être humilié de cette façon.

Sara avait compris que cet évènement avait été un tournant important pour Donald. S'il avait été capable de gérer ce moment différemment, par exemple en restant bravement debout et en souriant largement au groupe, indifférent à ce que cette classe pourrie pensait de lui, les choses auraient pu démarrer sur un autre pied. Mais ce n'était plus possible, parce que Donald, gêné et réellement effrayé, s'était laissé choir dans sa chaise en se mordant la lèvre. Le professeur de Sara avait réprimandé la classe, mais ça n'avait rien changé du tout. Le groupe ne semblait pas se soucier de ce que monsieur Jorgensen pensait de lui, tandis que Donald se souciait vraisemblablement de ce que le groupe pensait de lui.

Quand il avait quitté la classe, la veille, Sara l'avait vu jeter son nouveau plumier de couleur vive dans la poubelle près de la porte. Une fois Donald hors de sa vue, Sara avait récupéré cette babiole mal choisie et l'avait enfouie dans son sac d'écolière.

Sara regarda Lynn et Tommy pendant qu'ils s'éloignaient dans le couloir. Elle écouta leurs pas résonner dans l'escalier. Elle voyait Donald debout devant son casier, se contentant de fixer les yeux à l'intérieur de celui-ci, comme s'il y avait là une chose qui arrangerait tout, d'une manière ou d'une autre, ou encore comme s'il souhaitait se traîner dedans pour échapper au monde. Elle sentit son estomac se nouer. Elle ne savait pas quoi faire, mais elle voulait faire quelque chose pour que Donald se sente mieux. Après avoir jeté un coup d'œil au bout du couloir afin de s'assurer que les matamores étaient vraiment partis, elle tira la boîte rouge de son sac et elle se hâta vers Donald, qui s'affairait à présent autour de ses livres en tentant maladroitement de se remettre d'aplomb.

— Dis donc, Donald, je t'ai vu jeter ceci, hier, dit Sara sans façon. Je crois qu'il est chouette. Je pense que tu devrais le garder.

— Non, je n'en veux pas! répliqua brusquement Donald.

Abasourdie, Sara recula et essaya mentalement de reprendre de l'assurance.

— Si tu considères que c'est tellement chouette, garde-le ! lui cria Donald.

Se hâtant de le remettre dans son sac, souhaitant que cette conversation embarrassante n'ait pas eu de témoins, Sara sortit rapidement dans la cour de récréation et se dirigea vers la maison.

— Pourquoi est-ce que je me mêle de ce qui ne me regarde pas ? se morigéna-t-elle. Pourquoi est-ce que je n'apprends jamais ?

CHAPITRE ONZE

— SOLOMON, POURQUOI LES GENS SONT-ILS SI méchants ? se plaignit Sara.

— Tous les gens sont méchants, Sara ? Je n'avais pas remarqué cela.

— Pas tous, bien sûr, par contre plusieurs le sont, et je n'en comprends pas la raison. Quand je suis méchante, je me sens très mal.

— Quand es-tu méchante, Sara ?

— La plupart du temps, c'est quand une autre personne a été méchante en premier. Je pense que je suis méchante uniquement pour lui rendre la pareille.

— Est-ce que ça aide ?

— Oui, affirma Sara, prête à se défendre.

— De quelle façon, Sara ? Est-ce que rendre la monnaie de la pièce te fait sentir mieux ? Est-ce que ça renverse la vapeur ou élimine la méchanceté ?

— En fait, non, je ne le crois pas.

— En vérité, Sara, j'ai remarqué que cela ajoute de la méchanceté dans le monde. C'est un peu comme se joindre à leur chaîne de douleur. Ils ont mal, puis tu as mal, et ensuite tu contribues à faire mal à quelqu'un d'autre, et ça continue sans cesse.

— Mais, Solomon, qui a commencé cette affreuse chaîne de douleur?

— Ce n'est pas tellement important de savoir qui a commencé, Sara. Toutefois, ce qui EST important, c'est de savoir ce que tu feras quand elle arrivera à toi. De quoi s'agit-il, exactement? Qu'est-ce qui t'a incité à te joindre à la chaîne de douleur?

Nauséeuse, Sara parla à Solomon de Donald, le nouveau garçon, et de sa première journée à l'école. Elle parla à Solomon des matamores qui semblaient avoir une réserve infinie de motifs de ridiculiser Donald. Elle raconta à Solomon cet incident inquiétant qui venait d'avoir lieu dans le couloir. Et, alors qu'elle revivait ces incidents en les décrivant à Solomon, elle sentit revenir sa douloureuse colère, et une larme s'échappa de son œil, puis coula sur sa joue. Elle l'essuya rageusement avec l'envers de sa manche, vraiment furieuse que son bavardage avec Solomon ne fût pas joyeux comme à l'habitude et de se retrouver à renifler et à sangloter. Ce n'était pas ainsi que c'était censé se passer, avec Solomon.

Solomon resta silencieux pendant un long moment, alors que des pensées confuses et décousues traversaient l'esprit de Sara. Sara sentait que Solomon la regardait avec ses grands yeux affectueux, mais ça ne la gênait pas. C'était presque comme si Solomon retirait quelque chose d'elle.

« Eh bien, je sais sans aucun doute ce que je ne **veux pas**, pensa Sara. Je ne veux pas éprouver ce genre d'émotions. Particulièrement quand je parle avec Solomon. »

— C'est excellent, Sara. Consciemment, tu viens de faire le premier pas pour arrêter cette chaîne de douleur. De plein gré, tu as reconnu ce que tu ne **veux pas**.

— Et c'est bien ? interrogea Sara. Ça ne me donne pas l'impression que c'est une bonne chose.

— C'est parce que tu as réussi uniquement la première étape, Sara. Il y en a trois autres.

— Quelle est l'étape suivante, Solomon ?

— Eh bien, Sara, il n'est pas difficile de trouver ce que tu ne veux pas. Es-tu d'accord avec cela ?

— Oui, je pense que oui. C'est-à-dire que je pense qu'habituellement, je le sais.

— Comment sais-tu que tu penses à ce que tu ne veux pas ?

— J'en ai le sentiment, en quelque sorte.

— Tu peux le savoir en raison des émotions que tu éprouves, Sara. Quand tu penses ou quand tu parles de quelque chose que tu ne **veux pas**, tu ressens toujours des émotions négatives. Tu ressens la colère, ou la déception, ou la gêne, ou la culpabilité, ou la peur.

Tu te sens toujours mal, quand tu penses à quelque chose que tu ne **veux pas**.

Sara repensa aux derniers jours, au cours desquels elle avait ressenti plus d'émotions négatives qu'à l'habitude.

— Tu as raison, Solomon, déclara Sara. Cette dernière semaine, j'ai ressenti plus de ces émotions, en voyant ces garçons agir avec méchanceté envers Donald. J'ai été si heureuse, depuis que je t'ai rencontré, Solomon, puis j'ai été très en colère à cause d'eux qui se moquaient de Donald. Je comprends comment les émotions que je ressens ont tout à voir avec ce à quoi je pense.

— Bien, Sara. Maintenant, parlons de la deuxième étape. Quand tu sais ce que tu ne **veux pas**, n'est-ce pas assez facile de déterminer ce que tu **veux** ?

— Eh bien… commença Sara, souhaitant comprendre mais incertaine d'y arriver encore.

— Quand tu es malade, que veux-tu, à ce moment-là ?

— Je veux guérir, répliqua Sara avec facilité.

— Quand tu n'as pas assez d'argent pour acheter l'objet de tes désirs, à ce moment-là, que veux-tu ?

— Je veux plus d'argent, répondit Sara.

— Tu vois, Sara, c'est la deuxième étape à franchir, pour briser la chaîne de douleur. La première étape, c'est de reconnaître ce que tu ne **veux pas**. La deuxième étape, c'est de décider ce que tu **veux**.

— Eh bien, c'est assez facile.

Sara commençait à se sentir mieux.

— La troisième étape est la plus importante, Sara, et c'est celle que la plupart des gens ratent complètement. La troisième étape va comme suit : une fois que tu as déterminé ce que tu veux, tu dois le rendre réel. Tu dois dire la raison pour laquelle tu le veux, décrire ce que ce serait si tu l'avais, l'expliquer, faire mine de le posséder ou te rappeler un temps où tu l'avais, mais continuer à y penser jusqu'à ce que tu arrives à le ressentir réellement. Continuer de te dire à toi-même ce que tu veux jusqu'à ce que tu te **sentes** bien.

Sara avait peine en croire ses oreilles, quand elle entendait Solomon bel et bien l'encourager à passer du temps, à dessein, à imaginer des choses dans sa tête. À maintes reprises, elle avait eu de sérieux ennuis exactement pour cette raison. Il semblait que ce que Solomon lui disait était précisément le contraire de ce que ses professeurs à l'école lui enseignaient. Cependant, elle avait appris à faire confiance à Solomon. De plus, elle était à coup sûr prête à essayer quelque chose de différent. De toute évidence, leur façon ne fonctionnait pas.

— Pourquoi la troisième étape est-elle la plus importante, Solomon ?

— Parce que tant que tu n'as pas changé la façon dont tu te sens, tu n'as pas vraiment changé grand-chose. Tu fais encore partie de la chaîne de douleur. Par contre, quand tu changes tes émotions, tu fais partie d'une autre chaîne. Tu t'es joint à la chaîne de Solomon, en quelque sorte.

— Comment appelles-tu ta chaîne, Solomon ?

— Eh bien, je ne lui donne pas vraiment de nom. C'est davantage une question d'émotions. Tu pourrais toujours l'appeler la chaîne de la joie ou la chaîne du bien-être. La chaîne de contentement. Il s'agit de la chaîne naturelle, Sara ; de ce que nous sommes réellement.

— Enfin, si c'est naturel, s'il s'agit de ce que nous sommes réellement, pourquoi la plupart d'entre nous ne sont-ils pas heureux plus souvent ?

— Les gens veulent vraiment être heureux et la plupart des gens veulent, de toute leur force, être bons. Et c'est une grande partie du problème.

— Que veux-tu dire ? Comment le fait que l'on veuille être bon peut-il constituer un problème ?

— Eh bien, Sara, les gens veulent être bons, et pour ce faire, ils observent la manière de vivre des gens autour d'eux afin de décider ce qui est bien. Ils examinent les conditions qui les entourent et ils voient des choses qu'ils considèrent comme bonnes et d'autres qu'ils croient mauvaises.

— Et ce n'est pas bien ? Je ne vois pas ce que cela a de mal, Solomon.

— Ce que j'ai remarqué, Sara, c'est que pendant qu'ils regardent des conditions, bonnes et mauvaises, la plupart des gens ne sont pas conscients de ce qu'ils éprouvent. Et c'est ce qui tourne mal pour la majorité d'entre eux. Plutôt que de prendre conscience de la façon dont ils sont touchés par les choses qu'ils regardent, dans leur quête de la bonté, ils continuent à chercher la méchanceté et à essayer de la repousser. Le problème avec cela, Sara, est que pendant qu'ils essaient de repousser ce qu'ils croient mauvais, ils se sont joints à la chaîne de douleur. Les gens sont beaucoup plus intéressés par l'observation, l'analyse et la comparaison des conditions qu'ils ne le sont par les émotions qui les habitent. Et souvent, ces conditions les entraînent directement dans la chaîne de douleur.

« Réfléchis à ce qui s'est passé au cours des derniers jours et essaie de te rappeler quelques-unes des émotions fortes que tu as ressenties. Que se passait-il, alors que tu étais malheureuse, cette semaine, Sara ?

— J'étais torturée, quand Tommy et Lynn se moquaient de Donald. La même chose quand les enfants ont ri de Donald dans la classe, et c'était encore pire quand Donald a crié après moi. Tout ce que j'essayais de faire, Solomon, c'était de l'aider.

— Bien, Sara. Parlons-en. Durant ces moments où tu te sentais très triste, qu'as-tu fait ?

— Je ne sais pas, Solomon. Je ne faisais pas grand-chose. En gros, je ne faisais qu'observer, je crois.

— C'est exactement cela, Sara. Tu observais des conditions, mais les conditions que tu as choisi d'observer étaient de celles qui te font te joindre à la chaîne de douleur.

— Mais, Solomon, discuta Sara, comment peut-on ne pas voir quelque chose qui est mal et ne pas se sentir attristé par cette vision ?

— Voilà une très bonne question, Sara ; je te promets que le temps venu, j'aurai une réponse complète pour toi. Je sais que ce n'est pas facile de comprendre tout cela d'un coup. Et la raison pour laquelle c'est difficile à comprendre, au début, c'est que vous êtes habitué à observer des conditions, mais on ne vous a pas enseigné à vous préoccuper de vos émotions, quand vous observez ces choses ; les conditions semblent alors prendre le contrôle de vos vies. Si vous observez une bonne chose, vous réagissez avec des émotions positives, et si vous observez quelque chose de mauvais, vous réagissez avec des émotions négatives. Lorsque les conditions semblent régir vos vies, c'est une source de frustration pour la plupart d'entre vous et c'est ce qui entraîne autant de gens à continuer à se joindre à la chaîne de douleur.

— Alors, comment puis-je rester en dehors de la chaîne de douleur afin de pouvoir aider quelqu'un d'autre à en sortir, si elle s'unit à la chaîne ?

— Il y a plusieurs façons de procéder, Sara. Mais celle que je préfère et qui fonctionne le plus rapidement de toutes est celle-ci : avoir des pensées de gratitude.

— De gratitude ?

— Oui, Sara. Concentre-toi sur quelque chose ou sur quelqu'un, puis tente de trouver des pensées qui te rendent le plus heureuse possible. Sois reconnaissante pour ces pensées autant que tu le peux. C'est la meilleure façon de te joindre à la chaîne de joie.

— Souviens-toi ; quelle est la première étape ?

— Savoir ce que je ne **veux pas**, répondit fièrement Sara.

Elle avait bien appris cette leçon.

— Et la deuxième étape ?

— Savoir ce que je **veux**.

— C'est très bien, Sara. Et la troisième étape ?

— Oh, Solomon, j'ai oublié! pleurnicha Sara, déçue d'elle-même d'avoir oublié si vite.

— **La troisième étape est de découvrir l'endroit où tu te sens bien.** Parler de ce que tu veux jusqu'à ce que tu aies l'impression de l'avoir déjà.

— Solomon, tu ne m'as pas encore dit quelle est la quatrième étape, se rappela Sara, tout excitée.

— Ah, la quatrième étape est la meilleure, Sara. C'est le moment où tu obtiens ce que tu veux. **La quatrième étape est la manifestation physique de ce que tu désires.**

« Amuse-toi avec tout ça, Sara. N'essaie pas de tout te rappeler. **Exerce-toi simplement à la gratitude. C'est la clé.** Tu ferais mieux d'y aller maintenant, Sara. Nous pourrons parler de cela demain.

« Gratitude, songea Sara. Je vais essayer de penser à des choses pour lesquelles on doit être reconnaissant. »

La première image qui surgit dans son esprit fut celle de son petit frère Jason.

« Flûte, ce sera difficile, pensa Sara en s'éloignant du fourré de Solomon.

— Commence par quelque chose de plus facile! cria Solomon en s'élevant au-dessus de son poteau.

— Ouais, d'accord, dit Sara en riant.

« Je t'aime Solomon », pensa Sara.

— Je t'aime aussi, Sara.

Sara entendit la voix de Solomon clairement, même s'il s'était envolé loin hors de sa vue.

CHAPITRE DOUZE

« UNE CHOSE SIMPLE, SE DIT SARA, je veux être reconnaissante pour une chose simple. »

De loin, Sara pouvait voir le chien de son voisin immédiat batifolant dans la neige. Il bondissait et il courait, puis il roulait sur le dos, de toute évidence heureux d'être en vie.

« Brownie, tu es un chien si heureux ! Je t'apprécie », pensa Sara, encore à deux cents mètres de lui.

À cet instant, Brownie s'élança en courant en direction de Sara comme si elle était sa maîtresse et qu'elle venait de l'appeler. La queue frétillante, il courut deux fois en cercle autour d'elle, puis avec ses deux pattes sur les épaules de Sara, ce gros chien à longs poils et d'aspect misérable repoussa Sara en position assise sur le tas de neige accumulée par la déneigeuse plus tôt dans la semaine et il lui lécha le visage avec sa chaude langue mouillée. Sara riait si fort qu'elle eut de la peine à se relever.

— Oh, tu m'aimes aussi, n'est-ce pas, Brownie ?

Ce soir-là, Sara resta allongée dans son lit à réfléchir à tout ce qui était arrivé pendant la semaine.

« J'ai l'impression d'avoir fait un tour de montagnes russes. Je me suis sentie tour à tour heureuse et malheureuse comme jamais auparavant, tout cela en l'espace d'une seule semaine. J'adore mes conversations avec Solomon et oh !, comme j'ai aimé apprendre à voler, mais j'ai aussi été tellement furieuse, cette semaine. Tout cela est très bizarre. »

— Pensées de gratitude.

Sara aurait pu jurer avoir entendu la voix de Solomon dans sa chambre.

— Non, c'est impossible, décida Sara. Je me souviens simplement des paroles de Solomon.

Sur ces mots, Sara se tourna sur le côté pour réfléchir.

« J'éprouve de la gratitude pour ce lit chaud, c'est certain, songea Sara en tirant les couvertures au-dessus de ses épaules. Et pour mon oreiller. Mon oreiller moelleux et douillet. J'éprouve vraiment de la gratitude pour lui, pensa Sara en enroulant ses bras autour de lui et en y enfonçant son visage. Je suis reconnaissante pour mon père et ma mère. Et Ja… Jason aussi.

« Je ne sais pas, se dit Sara. Je n'ai pas l'impression de trouver l'endroit où je me sens bien. Peut-être suis-je simplement fatiguée. Je vais y travailler demain. »

Après ces dernières paroles en état de veille, Sara s'endormit profondément.

— Je vole encore ! Je vole encore ! cria Sara alors qu'elle s'élevait haut dans les airs au-dessus de sa maison.

« Voler n'est pas exactement le bon mot, pensa Sara. C'est plus comme de flotter. Je peux aller là où je veux ! »

Sans faire d'efforts, mais simplement en précisant l'endroit où elle voulait aller, Sara se déplaçait aisément à travers le ciel, faisant un arrêt ici et là pour regarder quelque chose qu'elle n'avait jamais remarqué, quelquefois fondant à toute vitesse vers le sol et le rasant de près, puis s'élevant de nouveau. Haut ! Haut ! Haut ! Elle découvrit que si elle souhaitait descendre, tout ce qu'elle avait à faire était de pointer un orteil vers le sol et elle descendait immédiatement. Quand elle était prête à s'élever à nouveau, elle regardait en haut et elle s'envolait.

« Je veux voler pour l'éternité ! décida Sara.

« Voyons voir, dit Sara d'un ton perplexe, où devrais-je aller ? »

Sara se déplaçait bien au-dessus de sa petite ville, voyant les lumières s'éteindre ici et là à mesure que chaque famille, une maison après l'autre, s'installait pour la nuit. Il commençait à neiger très légèrement, et Sara était enchantée de se sentir au chaud et en sécurité, flottant dans les environs au milieu de la nuit, pieds nus et en chemise de nuit.

« Il ne fait pas froid du tout », remarqua Sara.

À présent, presque toutes les maisons étaient plongées dans le noir et seuls les quelques lampadaires épars brillaient ; dans cette partie de la ville, Sara ne voyait qu'une seule maison encore illuminée. Elle décida donc de s'y rendre pour savoir qui était encore debout. « Probablement quelqu'un qui n'a pas besoin de se lever tôt le matin », pensa Sara en se rapprochant et en étirant son orteil gauche vers le sol, entraînant une descente rapide et en douceur.

Elle tomba devant une fenêtre donnant sur une petite cuisine, contente de voir que les rideaux étaient ouverts, ce qui allait lui permettre de jeter un coup d'œil à l'intérieur. Et là, assis à la table de cuisine, entouré de papiers, il y avait monsieur Jorgensen, le professeur de Sara. Méthodiquement, monsieur Jorgensen prenait un papier, le lisait, puis en prenait un autre, et un autre... Sara était subjuguée, en le regardant. Il semblait prendre la tâche qu'il accomplissait très au sérieux.

Sara commença à se sentir coupable d'épier son professeur de cette façon.

« Au moins, c'est la fenêtre de sa cuisine, nota Sara, et non celle de la salle de bain ou de la chambre, ou d'un endroit privé comme ceux-là. »

Monsieur Jorgensen souriait, à présent, semblant prendre vraiment beaucoup de plaisir à ce qu'il lisait. Il écrivait maintenant quelque chose sur le papier. Soudain, Sara comprit ce que faisait monsieur Jorgensen. Il lisait les travaux que la classe de Sara avait remis à la fin de la journée. Il lisait chacun d'eux.

Souvent, Sara avait trouvé une note inscrite en haut ou à l'arrière de ses travaux, et elle ne l'avait pas tellement appréciée.

« On ne peut tout simplement pas lui faire plaisir », avait songé Sara à plusieurs reprises en lisant les notes gribouillées sur ses travaux.

Mais regarder cet homme lire, puis écrire, lire, puis écrire, alors que la plupart des autres personnes de la ville étaient à présent profondément endormies, suscita une étrange émotion chez Sara. Elle se sentait presque étourdie, alors que l'ancienne perception négative qu'elle avait de monsieur Jorgensen entrait en quelque sorte en collision dans sa tête avec sa très nouvelle perception.

— Stupéfiant ! s'exclama Sara en levant les yeux, ce qui entraîna son petit corps rapidement vers le ciel très haut au-dessus de la maison de son professeur.

Un coup de vent chaud sembla provenir de l'intérieur de Sara, enveloppant tout son corps et lui donnant la chair de poule. Ses yeux se remplirent de larmes, son cœur battant au rythme de la joie pendant qu'elle s'élevait dans les hauteurs du ciel et qu'elle regardait en bas vers sa belle ville endormie, ou presque endormie.

« J'éprouve de la gratitude pour vous, Monsieur Jorgensen », se dit Sara tout en effectuant une dernière descente au-dessus de la maison, puis elle prit le chemin de son foyer.

Et quand Sara regarda en arrière vers la fenêtre de cuisine de monsieur Jorgensen, elle eut la certitude de l'avoir vu debout à sa fenêtre, regardant dehors.

CHAPITRE TREIZE

— Bonjour, Monsieur Matson.

Sara entendit sa propre voix résonner alors qu'elle traversait le pont de la rue Principale en se rendant à l'école.

Monsieur Matson leva les yeux de sous le capot de la voiture qu'il réparait. Il avait vu Sara sur le chemin de l'école des centaines de fois, depuis toutes ces années où il exploitait la seule station-service de la ville au coin de la rue Principale et de la rue Centre, mais elle ne l'avait jamais interpellé de cette façon, auparavant. Il ne savait pas au juste comment répondre, ce qui fit qu'à sa propre surprise, il la salua en levant la main à demi. De fait, la plupart des gens qui connaissaient Sara commençaient à remarquer des changements étonnants dans son attitude introvertie habituelle. Plutôt que de regarder le sol en observant ses pieds et de se perdre dans ses pensées, Sara était étrangement intéressée par sa ville montagneuse, inhabituellement observatrice, et faisait la conversation de manière surprenante.

— Tellement de choses à apprécier ! affirmait doucement Sara pour elle-même.

« La déneigeuse a déjà nettoyé presque toutes les rues. C'est très bien, pensa Sara. J'éprouve vraiment de la gratitude pour cela. »

Elle vit un camion des services publics devant le magasin Bergman, son échelle à coulisse s'élevant au maximum de sa longueur. Un homme se tenait tout au bout de l'échelle, travaillant en haut d'un poteau d'électricité, alors que l'autre homme l'observait avec attention tout en bas. Sara se demanda ce qu'ils faisaient, et elle en conclut qu'ils réparaient probablement un des fils électriques qui était devenu trop pesant en raison des lourds glaçons qui s'accrochaient dessus.

« C'est vraiment gentil, pensa Sara. C'est tellement bien que ces hommes soient capables d'assurer le bon fonctionnement de notre électricité. J'éprouve de la gratitude pour cela. »

Un car scolaire rempli d'enfants tourna le coin alors que Sara pénétrait dans la cour de récréation. Sara ne pouvait voir aucun de leur visage, car les vitres étaient pleines de buée, mais elle connaissait bien la routine : le chauffeur du car, qui avait rassemblé sa cargaison réticente à travers le comté depuis l'aube, en relâchait la moitié à l'école de Sara. Il déchargerait l'autre moitié à l'ancienne école de Sara, au bas de la rue Principale.

« C'est une chose gentille que fait le chauffeur de car, pensa Sara. J'éprouve de la gratitude pour cela. »

Sara retira son lourd manteau pendant qu'elle marchait à l'intérieur de l'école, constatant combien la température ambiante était confortablement chaude.

« J'apprécie ce bâtiment, et la chaudière qui le garde au chaud, et le concierge qui entretient la chaudière. »

Elle se souvint l'avoir vu pelleter des morceaux de charbon dans la cuve qui nourrirait le feu pour quelques heures supplémentaires et elle l'avait aperçu retirant les grosses cendres rouges de la chaudière.

« Je suis reconnaissante envers ce concierge de faire son travail pour nous garder au chaud. »

Sara se sentait merveilleusement bien.

« Je commence vraiment à comprendre ce truc de gratitude, pensa-t-elle. Je me demande pourquoi je ne l'ai pas compris avant. C'est génial ! »

— Hep ! Face de bébé !

Sara entendit une voix faussement geignarde s'amuser aux dépens de quelqu'un. Les mots semblaient tellement méchants que Sara tressaillit, en les entendant. C'était déplaisant de quitter un endroit où l'on se sentait siiiiiii bien pour tomber dans une réalité ignoble où une personne s'en prenait à une autre.

« Oh, non ! se dit Sara, pas encore Donald. »

Mais, bien sûr, les deux mêmes brutes s'en donnaient encore à cœur joie. Ils avaient coincé Donald dans un coin du couloir. Son corps était pressé contre son casier, et Sara pouvait voir les visages rieurs de Lynn et Tommy à quelques centimètres de son visage à lui.

Tout à coup, Sara n'était plus timide du tout.

— Les malotrus, pourquoi ne trouveriez-vous pas quelqu'un de votre taille à intimider ?

En fait, ce n'était pas tout à fait ce que Sara aurait voulu dire, parce que Donald était beaucoup plus grand qu'eux, mais le sentiment de confiance qu'ils semblaient acquérir à se promener ensemble donnait l'impression à Donald, ou à d'autres, d'être en situation de désavantage.

— Oh, Donald a une copine, Donald a une copine, chantonnèrent les garçons à l'unisson.

Le visage de Sara devint rouge de gêne, puis rouge de colère.

Les garçons éclatèrent de rire et continuèrent le long du couloir, laissant Sara derrière eux, rougissante et se sentant brûlante et mal à l'aise.

— Je n'ai pas besoin que tu prennes ma défense ! cria Donald, déversant encore une fois sa colère sur Sara pour cacher ses larmes embarrassées.

« Ça alors ! se dit Sara. Je recommence. À tous les coups, je n'apprends pas.

« Eh bien, Donald ! pensa Sara, je t'apprécie, moi aussi. Tu m'as aidée une fois de plus à comprendre que je suis une idiote. Une idiote qui n'apprend pas. »

CHAPITRE QUATORZE

— Salut, Solomon, dit Sara d'un ton monocorde en suspendant son sac de livres au poteau avoisinant celui de Solomon.

— Bonjour, Sara. C'est une belle journée, non ?

— Oui, j'imagine que c'est vrai, acquiesça Sara, les yeux vides ; elle n'avait pas remarqué que le soleil brillait à nouveau, et cela ne l'intéressait pas. Sara desserra son foulard et tira dessus pour le faire glisser autour de son cou, puis elle l'enfonça dans sa poche.

Solomon attendit, silencieusement, que Sara rassemble ses pensées et se lance dans son habituel flot de questions, mais elle était anormalement renfrognée, ce jour-là.

— Solomon, commença Sara. Je ne comprends pas.

— Qu'est-ce que tu ne comprends pas, Sara ?

— Je ne comprends pas le bien que ça fait à quiconque que je me promène en étant reconnaissante pour les choses. C'est-à-dire que je ne vois pas réellement le bien que cela fait.

— Que veux-tu dire, Sara?

— Eh bien, c'est-à-dire que je devenais vraiment très douée. Je me suis entraînée toute la semaine. Au début, c'était très difficile, mais c'est ensuite devenu plus facile. Et aujourd'hui, j'éprouvais de la gratitude pour à peu près tout, jusqu'à ce que j'arrive à l'école et que j'entende Lynn et Tommy s'en prendre au pauvre Donald encore une fois.

— Que s'est-il passé, ensuite?

— Je me suis mise en colère. J'étais tellement furieuse que j'ai crié après eux. Je voulais simplement qu'ils laissent Donald tranquille afin qu'il puisse être heureux. Mais je l'ai encore fait, Solomon. Je me suis jointe à leur chaîne de douleur. Je n'ai rien appris. Je déteste ces garçons, Solomon. Je crois qu'ils sont affreux.

— Pourquoi les hais-tu?

— Parce qu'ils ont gâché ma journée parfaite. Pendant toute la journée, j'aurais apprécié des choses. Quand je me suis éveillée, ce matin, j'ai éprouvé de la gratitude pour mon lit, puis pour mon petit-déjeuner et pour mon père et ma mère, et même pour Jason. Et pendant tout le trajet vers l'école, j'ai trouvé des choses à apprécier, et c'est alors qu'ils ont tout gâché, Solomon. Je me suis sentie mal encore une fois à cause d'eux. Comme avant. Exactement comme avant avoir appris à être reconnaissante.

— Ça ne m'étonne pas que tu sois en colère contre eux, Sara, parce que tu es dans un piège terrible. En fait, c'est à peu près le pire piège au monde.

Sara n'aimait pas trop ce que cela signifiait. Elle avait vu suffisamment de pièges faits maison par Jason et Billy, et elle avait libéré plusieurs petites souris ainsi que des oiseaux et des écureuils qu'ils avaient allègrement capturés. L'idée que quelqu'un puisse la piéger la rendait malade.

— Que veux-tu dire, Solomon? Quel piège?

— Eh bien, Sara, quand ton bonheur dépend de ce que quelqu'un fait ou ne fait pas, tu es piégée, car tu n'as pas de contrôle sur ce qu'ils pensent ou sur ce qu'ils font. Par contre, Sara, tu découvriras la véritable délivrance, une liberté qui dépasse tes rêves les plus fous, quand tu découvriras que ta joie ne dépend pas de qui que ce soit. Ta joie dépend uniquement de ce à quoi TOI, tu choisis d'accorder ton attention.

Sara écouta sans dire un mot, des larmes coulant sur ses joues roses.

— Tu te sens piégée, en ce moment, parce que tu ne vois pas comment tu pourrais réagir différemment à ce que tu as vu. Lorsque tu es témoin d'une chose qui te rend mal à l'aise, tu réagis à ces conditions. Et tu crois que la seule façon de te sentir mieux est de faire en sorte que ces conditions soient meilleures. Et puisque tu n'as pas le contrôle sur ces conditions, tu te sens piégée.

Sara s'essuya le visage avec sa manche. Elle se sentait très mal dans sa peau. Solomon avait raison. C'est vrai qu'elle se sentait piégée. Et elle voulait s'échapper de ce piège.

— Sara, continue à t'exercer à éprouver de la gratitude, et tu commenceras à te sentir mieux. Nous allons démêler tout cela un fil à la fois. Tu verras. Tu n'auras pas de difficulté à comprendre. Continue à t'amuser. Nous parlerons davantage demain. Dors bien.

CHAPITRE QUINZE

Solomon avait raison. Les choses semblèrent aller de mieux en mieux. En fait, les semaines suivantes furent les meilleures dont Sara avait souvenir. Tout semblait bien aller. Les jours d'école semblaient raccourcir de plus en plus, et, à la surprise de Sara, elle commençait à aimer l'école. Malgré tout, Solomon était encore la meilleure partie de la journée de Sara.

— Solomon, dit Sara. Je suis tellement contente de t'avoir trouvé ici, dans ce fourré. Tu es mon meilleur ami.

— J'en suis content aussi, Sara. Nous sommes des oiseaux d'un même plumage qui s'assemblent sur le même rivage, tu sais ?

— Eh bien, tu as à moitié raison, en tout cas, dit Sara en riant, levant les yeux sur le magnifique manteau de plumes de Solomon et sentant le chaud vent de gratitude se propager en elle.

Elle avait entendu sa mère dire : « Les oiseaux d'un même plumage s'assemblent sur le même rivage », mais elle n'avait jamais beaucoup pensé à ce que cela signifiait et elle ne s'était certainement pas attendue à se trouver elle-même groupée avec d'autres.

— Qu'est-ce que cela veut dire, exactement, Solomon ?

— Les gens utilisent cette expression pour indiquer qu'ils ont conscience que les choses qui sont semblables se groupent les unes avec les autres. Une chose en attire une autre semblable.

— Autrement dit, comme les rouges-gorges s'assemblent, les corbeaux s'assemblent et les écureuils s'assemblent ?

— Oui, comme cela. Mais en vérité, toutes les choses qui sont pareilles font cela, Sara. Mais la similitude n'est pas toujours celle qu'on croit. Ce n'est pas habituellement une chose flagrante que l'on peut voir.

— Je ne comprends pas, Solomon. Si on ne peut pas la voir, comment sait-on si elle est différente ou semblable ?

— Tu peux le ressentir, Sara. Sauf qu'il faut de l'entraînement, et avant de pouvoir t'y exercer, tu dois savoir ce que tu cherches ; et comme les gens ne comprennent pas les règles de base, ils ne savent pas ce qu'ils cherchent.

— Les règles, comme les règles d'un jeu, Solomon ?

— Oui, en quelque sorte. En vérité, de meilleurs termes seraient : « la loi de l'attraction ». **La loi de l'attraction affirme : une chose en attire une autre semblable.**

— Oh, je vois !

Sara se dérida.

— Comme qui se ressemble s'assemble.

— Exactement, Sara. L'ensemble des gens et des choses qui font partie de l'Univers entier est touché par cette loi.

— Je ne comprends pas encore tout à fait, Solomon. Explique-moi davantage.

— Demain, pendant que tu vaqueras à tes occupations, observe les preuves de cette loi. Garde tes yeux et tes oreilles ouverts et – encore plus important – sois attentive à tes sentiments, pendant que tu observes les choses, les gens, les animaux et les situations autour de toi. Prends du plaisir à le faire, Sara. Nous en reparlons davantage demain.

« Hum, les oiseaux d'un même plumage s'assemblent sur le même rivage, songea Sara. »

Alors que ces mots tournaient dans son esprit, un grand voilier d'oies fut débusqué du pâturage, et elles battirent des ailes au-dessus de la tête de Sara. Depuis toujours, Sara adorait regarder ces oies d'hiver et elle était sans cesse émerveillée par les formes qu'elles reproduisaient en volant à travers le ciel. Sara rit de cette apparente coïncidence avec leur discussion sur les oiseaux qui s'assemblent sur le même rivage, puis de voir le ciel immédiatement rempli de leur présence. « Hum, la loi de l'attraction! »

CHAPITRE SEIZE

L'étincelante vieille Buick de monsieur Pack ralentit, en dépassant Sara. Elle envoya la main à monsieur et madame Pack, qui lui sourirent et la saluèrent à leur tour.

Sara se rappela les propos de son père au sujet de leurs vieux voisins.

— Ces braves vieux sont exactement pareils.

— En plus, ils se ressemblent physiquement, avait ajouté sa mère.

« Hum, songea Sara, ils sont terriblement semblables. »

Sara repensa au temps écoulé depuis qu'elle connaissait ces voisins-là.

— Ils sont tous les deux impeccables, avait remarqué sa mère dès les premiers instants.

La voiture de monsieur Pack était la plus étincelante en ville.

— Il doit la laver tous les jours, avait gémi son père, pas heureux du contraste entre la voiture toujours propre de monsieur Pack et sa propre voiture, habituellement sale.

Les plates-bandes estivales de monsieur Pack et ses jardins étaient toujours taillés et plantés à la perfection, et madame Pack était tout aussi soigneuse que son mari. Sara n'avait pas beaucoup l'occasion d'entrer dans leur maison. Dans les rares occasions où elle avait fait une course pour sa mère et qu'elle y était entrée, Sara avait été impressionnée par la maison toujours propre et bien rangée, et elle n'avait rien vu qui n'était pas à sa place.

« Ah, la loi de l'attraction ! » en conclut-elle.

Le frère de Sara, Jason, et son bruyant ami Billy passèrent à bicyclette à toute allure devant Sara, chacun d'eux la frôlant d'aussi près que possible sans risquer de la renverser.

— Hé, Sara ! Tu ferais mieux de faire attention à l'endroit où tu mets les pieds, la gronda Jason.

Sara pouvait les entendre rire alors qu'ils filaient ventre à terre sur la route.

« Garnements ! » pensa Sara en reprenant sa place sur le bord de la route, fâchée de s'être précipitée hors de leur chemin.

— Ils sont faits l'un pour l'autre, grogna Sara. Ils prennent tellement de plaisir à créer des ennuis.

Sara stoppa net.

— Les oiseaux d'un même plumage.

Le visage de Sara s'éclaira.

— Ce sont des oiseaux d'un même plumage ! C'est la loi de l'attraction !

« L'ensemble des gens et des choses qui font partie de l'Univers entier est touché par cette loi ! » se dit Sara en se remémorant les paroles de Solomon.

Le lendemain, Sara passa autant de temps que possible à chercher des preuves de la loi de l'attraction.

— Elle est partout ! conclut-elle, en observant les adultes, les enfants et les adolescents qui se livraient à leurs occupations en ville.

Sara s'arrêta au magasin Hoyt, une sorte de magasin général en plein centre de la ville et juste un peu en dehors de la route qu'elle empruntait pour aller à l'école. Elle acheta une nouvelle gomme à effacer pour remplacer celle qu'une personne lui avait empruntée la veille et n'avait pas rendue ainsi qu'une friandise pour manger après son repas du midi.

Sara avait toujours aimé venir dans ce magasin. C'était toujours agréable. Le magasin appartenait à trois hommes joviaux qui étaient à tout instant prêts et désireux de jouer avec ceux qui entraient dans le magasin. C'était un endroit très fréquenté, car c'était la seule épicerie en ville, mais même quand les files d'attente étaient longues, ces trois hommes réussissaient à plaisanter et à faire des fredaines avec qui le voulait bien.

— Comment va la gamine? demanda à Sara le plus grand des trois hommes d'un ton badin.

Son enthousiasme étonna légèrement Sara. Ils n'avaient jamais plaisanté beaucoup avec elle, ce qui lui avait toujours convenu, mais ce jour-là, ils avaient manifestement l'intention d'inclure Sara dans leurs jeux.

— Ça va bien, répondit-elle résolument.

— Bravo, c'est ce que j'aime entendre! Que mangeras-tu en premier : la friandise, ou la gomme à effacer?

— J'ai pensé déguster la friandise d'abord. Je vais garder la gomme à effacer pour le dessert!

Sara le regarda en souriant largement.

Monsieur Hoyt éclata d'un rire tonitruant. Sara l'avait complètement pris par surprise, avec son sens de la répartie. Sara s'était étonnée elle-même avec sa réponse habile.

— Eh bien, je te souhaite une bonne journée, mon cœur ! Continue à t'amuser !

Sara était enchantée, en passant la porte pour revenir dans la rue Principale.

« Les oiseaux d'un même plumage, songea Sara. La loi de l'attraction. Elle est partout !

« Quelle belle journée ! »

Sara se pencha en arrière, reconnaissante, et regarda vers le ciel bleu clair qui accompagnait cette journée exceptionnellement chaude de l'hiver. Normalement gelés, les rues et les trottoirs brillaient sous l'eau et de petites rigoles faisaient s'écouler l'eau sur la route qu'empruntait Sara, formant quelques flaques ici et là.

— Vroummmmmm, crièrent Jason et Billy d'une seule voix en dépassant Sara à la course, la frôlant d'aussi près qu'ils le pouvaient sans la percuter. De l'eau sale éclaboussa les jambes de Sara.

— Monstres ! hurla Sara, frémissante de rage et ruisselante d'eau boueuse.

« Ceci n'a pas de sens. Je dois questionner Solomon, à ce sujet. »

Ses vêtements trempés séchèrent, et la plupart des taches de boue furent nettoyées, mais à la fin de la journée, Sara était encore déroutée et furieuse. Elle était en colère contre Jason, mais ça n'avait rien de nouveau. Sara était aussi en colère contre Solomon, contre la loi de l'attraction, contre les oiseaux d'un même plumage et contre les gens méchants. En fait, Sara était en colère contre à peu près tout le monde.

Comme d'habitude, Solomon était perché sur son poteau en attendant patiemment la visite de Sara.

— Tu sembles particulièrement agitée, aujourd'hui, Sara. De quoi veux-tu parler ?

— Solomon ! lâcha Sara. Il y a quelque chose qui cloche avec cette loi de l'attraction !

Sara patienta, s'attendant à ce que Solomon la corrige.

— Continue, Sara.

— Bon, tu as déclaré que la loi de l'attraction affirme qu'une chose en attire une autre semblable. Et Jason et Billy sont vraiment mauvais, Solomon. Ils passent presque toute la journée à chercher des façons de rendre les gens malheureux.

Sara se tut quelques instants, s'attendant encore à ce que Solomon l'interrompe.

— Continue.

— Enfin, Solomon, moi, je ne suis pas mauvaise. Je veux dire que je n'éclabousse pas les gens de boue ni ne les renverse avec ma bicyclette. Je ne piège ni ne tue de petits animaux, et je ne retire pas l'air des pneus des gens, alors comment se fait-il que Jason et Billy continuent à s'assembler sur mon rivage ? Nous ne sommes pas des oiseaux d'un même plumage, Solomon. Nous sommes différents !

— Crois-tu que Jason et Billy sont réellement mauvais, Sara ?

— Oui, Solomon, je le crois !

— Ce sont des fripons, je te l'accorde, dit Solomon avec un sourire, mais ils sont à peu près comme tous les gens et toutes les choses dans l'Univers. Ils possèdent en même temps ce qui est désiré et ce qui ne l'est pas. As-tu déjà vu ton frère faire quelque chose de gentil ?

— Hum, oui, je crois. Mais c'est très rare, balbutia Sara. J'aurai besoin d'y réfléchir. Mais, Solomon, je ne comprends toujours pas. Comment se fait-il qu'ils continuent à m'embêter ? Moi, je ne les ennuie pas !

— Vois-tu, Sara, voici comment ça marche. À tout moment, tu as le choix de regarder quelque chose que tu veux ou, à l'inverse, ce qui te manque. Quand tu regardes quelque chose que tu veux, juste en le regardant, tu commences à vibrer comme cette chose. Tu deviens pareille à elle, Sara ; comprends-tu ?

— Tu veux dire que juste en regardant quelqu'un de mauvais, je suis mauvaise aussi ?

— Enfin, pas tout à fait ; tu commences cependant à comprendre. Imagine-toi un panneau lumineux environ de la grandeur de ton lit.

— Un panneau lumineux ?

— Oui, Sara. Un panneau avec des milliers de petites ampoules, comme de petites ampoules de Noël, sortant du panneau. Une mer de lumières. Des milliers de lumières, et toi, tu es l'une d'elles. Quand tu portes ton attention sur quelque chose, juste en lui offrant cette attention, ta lumière sur le panneau s'allume, et par le fait même, chaque lumière du panneau – **c'est-à-dire celles qui vibrent en harmonie avec la tienne** – s'allume également. Et ces lumières allumées représentent ton monde. Ce sont les gens et les expériences auxquelles tu peux accéder à ce moment-là par la vibration.

« Penses-y, Sara. De tous les gens que tu connais, qui est-ce que Jason taquine et tourmente le plus ?

Sara répondit immédiatement.

— C'est moi, Solomon. Il passe son temps à m'embêter !

— Et d'après toi, parmi toutes les personnes de ta connaissance, laquelle est la plus embêtée par les taquineries de Jason ? À ton avis, quelle est la personne qui allume son panneau lumineux et vibre en harmonie avec ces fripons, Sara ?

Sara éclata de rire, parce qu'elle commençait à comprendre, à présent.

— C'est moi, Solomon. Je suis la plus embêtée. J'allume constamment mon panneau lumineux en regardant Jason et en me mettant en colère contre lui.

— Donc, tu comprends, Sara, quand tu vois quelque chose que tu n'aimes pas, et que tu le notes, et que tu le repousses, et que tu y penses, tu allumes ton panneau lumineux et tu expérimentes davantage de cette chose. Souvent, tu vibres à cet endroit même quand Jason n'est pas autour de toi. Tu te souviens simplement de la dernière chose qui est arrivée quand il y était. La bonne nouvelle à propos de tout ceci, Sara, est celle-ci : tu peux toujours savoir, selon ton humeur, avec quoi tu réussis à vibrer en harmonie.

— Que veux-tu dire ?

— Quand tu es heureuse, quand tu te sens appréciée, quand tu remarques les aspects positifs de quelqu'un ou de quelque chose, tu vibres en harmonie avec ce que tu **veux**. Par contre, quand tu te sens furieuse ou bien effrayée, quand tu te sens coupable ou déçue, tu réussis – à cet instant précis – à vibrer en harmonie avec ce que tu ne **veux pas**.

— Chaque fois sans exception, Solomon ?

— Oui. Chaque fois. Tu peux toujours faire confiance à tes sentiments. C'est ton système de guidage. Réfléchis à cela, Sara. Au cours des prochains jours, pendant que tu observeras les gens autour de toi, penche-toi particulièrement sur la façon dont tu te sens. Vois par toi-même, Sara, avec quoi tu vibres en harmonie.

— D'accord, Solomon. Je vais essayer. C'est toutefois assez compliqué, tu sais. Ça pourrait demander beaucoup d'entraînement.

— Vrai. C'est bien qu'il y ait tellement de gens autour de toi pour te donner l'occasion de t'exercer. Prends-y plaisir.

Là-dessus, Solomon s'éleva et partit.

« C'est facile pour toi, pensa Sara. Tu as la possibilité de choisir avec qui tu passes ton temps. Tu n'es pas forcé d'être à l'école avec Lynn et Tommy. Tu n'as pas à vivre avec Jason. »

Puis, de façon aussi intelligible que si Solomon avait été assis là et qu'il avait parlé directement dans l'oreille de Sara, elle entendit :

— Quand ton bonheur dépend de ce que quelqu'un fait ou ne fait pas, tu es piégée, car tu n'as pas de contrôle sur ce qu'ils pensent ou sur ce qu'ils font. Tu découvriras la véritable délivrance, une liberté qui dépasse tes rêves les plus fous, quand tu découvriras que ta joie ne dépend pas de qui que ce soit. **Ta joie dépend uniquement de ce à quoi toi, tu choisis d'accorder ton attention.**

CHAPITRE DIX-SEPT

« QUELLE JOURNÉE », SONGEA SARA PENDANT qu'elle marchait vers le fourré de Solomon.

— Je déteste l'école ! lâcha Sara tout haut, en se laissant envahir de nouveau par le sentiment de colère qui s'était emparé d'elle à la minute où elle avait foulé le sol de la cour de récréation. Elle poursuivait sa marche, regardant principalement ses pieds, en se rappelant chaque détail de cette pénible journée.

Sara avait atteint le portail au même moment que le car scolaire, et quand le chauffeur avait ouvert les portes, une horde de garçons chahuteurs lui étaient presque passés sur le corps, la bousculant dans tous les sens, ce qui lui avait fait laisser tomber ses livres et répandre le contenu de son sac. Pire que tout, sa rédaction pour monsieur Jorgensen avait été complètement piétinée. Sara avait regroupé les papiers piétinés et froissés pour en faire une pile, et elle les enfonça dans son sac.

— Et voilà tout ce que j'ai pour m'être inquiétée de l'apparence de ce stupide devoir, grogna Sara, regrettant à présent d'avoir pris autant de son temps pour le recopier une deuxième fois avant de le plier avec précaution et de le glisser dans son sac.

Tentant toujours de tout remettre en place correctement en se dirigeant vers les grandes portes principales, Sara ne marchait pas assez vite au goût de madame Webster.

— Dépêche-toi, Sara, je n'ai pas toute la journée! avait déclaré la svelte et très détestée professeure de troisième année d'un ton hargneux.

— Pardonnez-moi de vivre! marmonna Sara dans sa barbe. Ça alors!

Sara avait dû regarder sa montre cent fois, pendant la journée, comptant les minutes la séparant d'une certaine libération de cette effusion de méchanceté.

Puis, enfin, la dernière cloche retentit, et Sara fut libre.

— Je déteste l'école. Je déteste vraiment l'école. Comment quelque chose qui rend si malheureux peut-il avoir de la valeur pour qui que ce soit?

Guidée par l'habitude, Sara se fraya un chemin vers le fourré de Solomon, et alors qu'elle prenait le dernier virage sur le sentier Thacker, elle pensa :

« Je n'ai jamais, en aucun temps, été d'humeur pire que celle-ci. Particulièrement depuis que j'ai rencontré Solomon. »

— Solomon, se plaignit Sara, je déteste l'école. Je crois que c'est une perte de temps.

Solomon gardait le silence.

— C'est comme une cage de laquelle on ne peut s'échapper. De plus, les gens dans la cage sont tellement méchants et toute la journée ils cherchent des façons de nous faire du mal.

Toujours aucun commentaire de Solomon.

— C'est déjà exécrable quand les enfants sont méchants les uns envers les autres, mais les professeurs sont méchants aussi, Solomon. Je ne crois pas qu'ils aiment être là non plus.

Solomon restait simplement assis là, fixant le vide. Seul un clignement occasionnel de ses grands yeux jaunes disait à Sara qu'il ne dormait pas profondément.

Une larme coula sur la joue de Sara alors que la frustration montait en elle.

— Solomon, je veux simplement être heureuse. Et je crois que je ne serai jamais heureuse à l'école.

— Dans ce cas, Sara, je crois que tu devrais quitter la ville aussi.

Sara leva les yeux, étonnée du brusque commentaire de Solomon.

— Que dis-tu, Solomon ? Quitter la ville aussi ?

— Oui, Sara. Si tu quittes ton école parce qu'il y a des choses négatives à cet endroit, je crois alors que tu devrais quitter la ville également, ainsi que cet État, et ce pays, et la face de cette terre, et même cet univers. Et là, Sara, je ne sais pas où t'envoyer.

Sara était déconcertée. Cela ne ressemblait pas au Solomon qui cherchait des solutions et qu'elle avait appris à connaître et à aimer.

— Solomon, que dis-tu ?

— Eh bien, Sara, j'ai découvert que dans chaque particule de cet univers, il y a ce que l'on veut et ce que l'on ne veut pas. Dans chaque personne, dans chaque situation, dans chaque endroit, dans chaque moment, ces choix sont toujours là. Omniprésents. Alors, vois-tu, Sara, si tu quittes un endroit ou un évènement parce qu'il a des aspects négatifs, l'endroit où tu iras ensuite sera à peu près pareil.

— Ce que tu dis ne me fait pas me sentir mieux, Solomon. Ça semble sans espoir.

— Sara, ton travail ne consiste pas à rechercher l'endroit parfait où seules les choses que tu veux existent. Ton travail est de chercher les choses que tu veux dans **chaque** endroit.

— Mais pourquoi ? Quel bien cela fait-il ?

— Tout d'abord, tu te sens mieux, et ensuite, **quand tu commences à remarquer plus de choses que tu veux voir, davantage de ces choses commencent à faire partie de ton expérience.** Ça devient de plus en plus facile, Sara.

— Mais, Solomon, certains endroits ne sont-ils pas pires que d'autres ? C'est-à-dire que l'école est le pire endroit où l'on peut être au monde.

— Eh bien, Sara, c'est plus facile de trouver des choses positives dans certains endroits par rapport à d'autres, mais ça peut devenir un assez gros piège.

— Que veux-tu dire ?

— Quand tu vois quelque chose que tu n'aimes pas et que tu décides d'aller ailleurs pour y échapper, tu l'emportes habituellement avec toi.

— Mais, Solomon, je n'emmènerais pas ces méchants professeurs ou ces mauvais enfants avec moi.

— Pas ceux-là précisément, peut-être, mais tu en rencontrerais d'autres, Sara, qui leur ressembleraient beaucoup, partout où tu irais. Sara, souviens-toi des « oiseaux d'un même plumage ». Souviens-toi du « panneau lumineux ». Quand tu vois des choses que tu n'aimes pas et que tu songes à elles et que tu en parles, tu deviens comme elles ; ce qui fait qu'où que tu ailles, elles y sont aussi.

— Solomon, je n'arrête pas d'oublier cela.

— Vois-tu, Sara, il est naturel d'oublier, car tu es comme la plupart des gens qui ont appris à réagir aux conditions. Si tu es entourée de bonnes conditions, tu réagis avec des émotions positives, mais si tu es entourée de mauvaises conditions, tu réagis avec des émotions négatives.

« La plupart des gens croient qu'ils doivent d'abord trouver les conditions parfaites et qu'une fois qu'ils les ont trouvées, ils peuvent alors réagir en étant heureux. Cependant, c'est très frustrant pour les gens, car ils découvrent très vite qu'ils n'ont pas de contrôle sur ces conditions.

« Ce que tu apprends, Sara, c'est que tu n'es pas ici pour trouver les conditions parfaites. Tu es ici pour choisir des choses à apprécier – ce qui t'amène à vibrer comme les conditions parfaites –, afin que tu puisses ensuite attirer des conditions parfaites.

— J'imagine, soupira Sara. Tout cela semble trop imposant à comprendre.

— Sara, ce n'est vraiment pas aussi compliqué que ça en a l'air. En fait, les gens rendent cela beaucoup plus compliqué quand ils essaient de trouver un sens à toutes les conditions qui les entourent. Cela peut être très déroutant, si tu essaies de comprendre comment chaque condition est créée ou quelles conditions sont bonnes et lesquelles sont mauvaises. Tu peux te rendre folle, à tenter de démêler tout cela. Par contre, si tu restes simplement attentive pour savoir si ta valve est ouverte ou fermée, ta vie sera alors beaucoup plus simple et beaucoup plus heureuse.

— Ma valve ? Que veux-tu dire ?

— Sara, à tout moment, un flot de pure énergie positive s'écoule en toi. On peut dire que c'est un peu comme la pression de l'eau dans ta maison. La pression de l'eau est toujours présente, juste derrière la valve. Lorsque tu veux de l'eau dans ta maison, tu ouvres la valve et tu laisses l'eau s'écouler à l'intérieur. Mais quand la valve est fermée, l'eau ne s'écoule pas à l'intérieur. C'est ton travail de garder cette valve ouverte à la position « Bien-être ». Il est toujours là pour toi, mais tu dois le laisser entrer.

— Mais, Solomon, s'indigna Sara, quel avantage y a-t-il à ce que je garde ma valve ouverte dans une école où tout le monde est en colère et méchant ?

— Premièrement, quand ta valve est ouverte, tu ne remarques pas autant la méchanceté et un peu de cette méchanceté se transformera directement sous tes yeux. Il y a beaucoup de gens qui oscillent à l'orée d'une valve ouverte ou fermée, et quand ils interagissent avec toi et que ta valve est ouverte, ils se joignent facilement à toi dans un sourire ou dans un échange agréable. De plus, tu dois te rappeler qu'une valve ouverte n'a pas seulement un effet sur le présent. Elle a un effet sur demain et le jour suivant. Donc, plus il y a d'aujourd'hui où tu te sens bien, plus les conditions de demain et du jour suivant te seront favorables. Entraîne-toi à cela, Sara.

« Prends la décision qu'aucune condition, peu importe combien elle te semble mauvaise sur le coup, ne mérite que tu fermes ta valve pour elle. Décide que de garder ta valve ouverte est la chose la plus importante.

« Voici quelques mots dont tu dois te souvenir, Sara, et prononcer aussi souvent que tu le peux : « Je vais garder ma valve ouverte, envers et contre tout. »

— Bon, d'accord, Solomon, répondit Sara humblement, se sentant hésitante à propos de tout cela, mais elle se rappelait comment les choses s'étaient en général beaucoup mieux passées depuis qu'elle avait essayé quelques-unes des techniques proposées par Solomon.

« Je vais m'entraîner. J'espère que ça fonctionnera ! cria Sara par-dessus son épaule en quittant le fourré de Solomon.

« Ce serait vraiment chouette de se sentir bien, envers et contre tout. C'est réellement ce que je veux. »

CHAPITRE DIX-HUIT

La voiture de la mère de Sara était dans l'allée de garage. « C'est étrange, pensa Sara. Elle n'est pas censée être à la maison de si bonne heure. »

— Bonjour, je suis rentrée ! cria Sara en ouvrant la porte, se surprenant à annoncer son arrivée alors qu'elle n'en avait pas l'habitude.

Toutefois, personne ne lui répondit. Sara déposa ses livres sur la table de la salle à manger et appela de nouveau en traversant la cuisine et en longeant le couloir qui menait aux chambres :

— Il y a quelqu'un ?

— Je suis ici, ma chérie, s'entendit-elle répondre par la voix calme de sa mère.

Elle était dans sa chambre, les rideaux étaient tirés, et elle était allongée sur son lit avec une serviette rose roulée déposée sur ses yeux et son front.

— Qu'est-ce qui ne va pas, maman ? demanda Sara.

— Oh, juste un mal de tête, chérie. J'ai eu mal toute la journée, et j'ai finalement décidé que je ne pouvais pas rester au travail une minute de plus, alors je suis rentrée à la maison.

— Est-ce que ça va mieux, à présent ?

— Je me sens mieux les yeux fermés. Je vais rester couchée ici un petit moment. Je vous rejoindrai plus tard. Ferme la porte pour moi, et quand ton frère rentrera à la maison, dis-lui que je me joindrai à vous plus tard. Peut-être que si je dors un peu, je me sentirai mieux.

Sara quitta la chambre sur la pointe des pieds et ferma la porte doucement. Elle resta dans le couloir sombre pendant un instant en essayant de décider ce qu'elle devait faire ensuite. Elle savait quelles tâches nécessitaient son attention ; elle s'était acquittée de ces mêmes tâches tous les jours d'aussi loin qu'elle s'en souvînt, mais tout semblait différent, en quelque sorte.

Sara ne se rappelait pas la dernière fois où sa mère avait manqué le travail et était restée à la maison, malade, et cela avait quelque chose de dérangeant. Sara avait l'estomac noué et elle se sentait désorientée. Elle n'avait pas réalisé à quel point l'habituelle solidité de sa mère et sa bonne humeur avaient une influence rassurante sur sa propre journée.

— Je n'aime pas cela, déclara tout haut Sara. J'espère que maman se sentira vite mieux.

— Sara.

Sara entendit la voix de Solomon.

— Ton bonheur dépend-il des conditions autour de toi ? Ceci pourrait être une bonne occasion de t'entraîner.

— D'accord, Solomon. Mais comment puis-je m'exercer ? Que suis-je censée faire ?

— Contente-toi d'ouvrir ta valve, Sara. Quand tu es malheureuse, elle est fermée. Essaie donc de songer à des pensées qui te font te sentir mieux jusqu'à ce que tu prennes conscience que ta valve est de nouveau ouverte.

Sara se rendit à la cuisine, mais ses pensées étaient encore en grande partie liées à sa mère, qui était allongée dans son lit dans la chambre à côté. Le sac à main de sa mère était sur la table de cuisine et Sara n'arrivait pas à penser à autre chose qu'à elle.

— Prends la décision de faire quelque chose, Sara. Pense à tes corvées et décide de les effectuer en un temps record, ce soir. Pense à faire quelque chose de plus, quelque chose qui dépasse tes tâches habituelles.

S'inspirant de cette idée, Sara passa immédiatement à l'action. Elle bougeait vite et avec confiance, ramassant des choses qui avaient été déplacées dans la maison la veille, petit à petit au cours des nombreuses heures de la soirée, par plusieurs membres de sa famille. Elle regroupa et empila les journaux qui semblaient recouvrir presque entièrement le plancher du salon et elle épousseta ensuite le dessus des tables dans la pièce. Elle récura le lavabo et le bain dans la seule salle de bain familiale. Elle vida les poubelles de la cuisine et de la salle de bain. Elle rangea les papiers éparpillés sur le grand bureau de travail en chêne de son père, faisant attention à ne pas déplacer quoi que ce soit trop loin de l'endroit où son père l'avait laissé. Elle n'était jamais certaine s'il avait de l'ordre dans son désordre, mais elle ne voulait pas lui créer d'ennuis. Son père passait en fait très peu de temps à ce bureau, et Sara se demandait souvent pourquoi un si grand espace du salon lui était consacré. Il semblait toutefois fournir à son père un endroit où réfléchir et – plus important encore – un endroit où cacher les choses auxquelles il ne voulait pas penser pour le moment.

Elle se déplaçait rapidement, avec une détermination farouche et volontaire, et ce n'est qu'au moment où elle prit la décision de ne pas utiliser l'aspirateur sur le tapis du salon afin de ne pas déranger sa mère qu'elle réalisa à quel point elle se sentait mieux, et cela, en l'espace de peu de temps. Par contre, en décidant de ne pas passer l'aspirateur – pour ne pas risquer de déranger sa mère –, son attention avait été de nouveau attirée par la condition négative, et le sentiment sourd et désagréable revint se loger dans son estomac.

« Stupéfiant ! songea Sara. C'est extraordinaire. Je peux réellement prendre conscience que la façon dont je me sens est uniquement liée à l'objet de mon attention. Les conditions n'ont pas changé ; mon attention, si ! »

Sara éprouvait une grande joie. Elle avait découvert une chose très importante. Elle avait découvert que sa joie ne dépendait pas de quelqu'un ou de quelque chose d'autre.

Puis, Sara entendit s'ouvrir la porte de la chambre, et sa mère pénétra dans le couloir, puis dans la cuisine.

— Oh, Sara, tout a l'air si beau ! s'exclama sa mère, qui, de toute évidence, se sentait beaucoup mieux.

— Ton mal de tête est-il guéri, maman ? demanda tendrement Sara.

— C'est beaucoup mieux, maintenant, Sara. J'ai pu me reposer pendant un moment, parce que je sentais que tu étais ici à prendre les choses en main. Merci, mon cœur.

Sara se sentait merveilleusement bien. Elle savait qu'en réalité, elle n'en avait pas *fait* beaucoup plus qu'elle le faisait tous les jours après l'école. La mère de Sara ne l'appréciait pas pour son geste. Elle était reconnaissante à Sara d'avoir ouvert sa valve.

« Je peux faire cela, décida Sara. Je peux garder ma valve ouverte, peu importe les conditions. »

Sara se rappela l'affirmation de Solomon : « Je vais garder ma valve ouverte, envers et contre tout ! »

CHAPITRE DIX-NEUF

TRÈS BIEN, SARA – UN A. SARA lut les mots inscrits au haut de son devoir de la veille que venait tout juste de lui remettre monsieur Jorgensen.

Sara essaya de se retenir de sourire d'une oreille à l'autre en lisant les mots tracés à l'encre rouge vif. Tout en remettant son devoir à la fille devant Sara, monsieur Jorgensen se retourna pour jeter un coup d'œil vers Sara, et quand ses yeux rencontrèrent les siens, il lui fit un clin d'œil.

Le cœur de Sara bondit dans sa poitrine. Elle se sentait très fière. C'était un nouveau sentiment pour Sara, et c'en était un, elle devait en convenir, qu'elle aimait vraiment beaucoup.

Sara était impatiente de se rendre au fourré pour parler à Solomon.

— Solomon, qu'est-il arrivé à monsieur Jorgensen ? demanda Sara. Il semble un autre homme.

— Il est le même homme, Sara; c'est toi qui remarques de nouvelles choses.

— Je ne crois pas que je remarque de nouvelles choses; je crois que c'est lui qui fait de nouvelles choses.

— Lesquelles, par exemple, Sara?

— Eh bien, il sourit beaucoup plus qu'il ne le faisait auparavant. Et quelquefois, il siffle, avant que la cloche sonne. Il ne faisait jamais cela, avant. Il m'a même lancé un clin d'œil! Il raconte aussi de meilleures histoires en classe, ce qui fait rire davantage tous les élèves. Il semble beaucoup plus heureux qu'avant, Solomon.

— Eh bien, Sara. On dirait que ton professeur s'est joint à ta chaîne de la joie.

Sara était abasourdie. Solomon était-il en train d'accorder du mérite à Sara pour le changement d'attitude de monsieur Jorgensen?

— Solomon, est-ce que tu affirmes que monsieur Jorgensen est plus heureux grâce à moi?

— Eh bien, ce n'est pas seulement grâce à toi, Sara, car monsieur Jorgensen veut réellement être heureux. Par contre, c'est un fait que tu l'as aidé à se rappeler qu'il souhaite être heureux. Tu lui as aussi rappelé pourquoi il a décidé de devenir professeur à l'origine.

— Mais, Solomon, je n'ai parlé d'aucune de ces choses avec monsieur Jorgensen. Comment ai-je pu l'aider à se souvenir de cela?

— Tu as fait tout cela, Sara, en éprouvant de la gratitude pour monsieur Jorgensen, en ce sens que toutes les fois où tu concentres ton attention sur quelqu'un ou sur quelque chose et qu'au même moment tu ressens ce merveilleux sentiment de gratitude, tu augmentes leur état de bien-être. Tu les asperges de ta gratitude.

— Comme si je les aspergeais avec un tuyau d'arrosage? dit Sara en ricanant, contente de son analogie loufoque.

— Oui, Sara. Ça ressemble beaucoup à cela. Mais avant que tu ne puisses les asperger, tu dois connecter ton tuyau d'arrosage à un robinet et l'ouvrir. Et c'est exactement ce que fait la gratitude. Chaque fois que tu ressens de la gratitude ou de l'amour, chaque fois que tu découvres un aspect positif d'une personne ou d'une chose, tu es connectée à ce robinet.

— Qui met la gratitude dans le robinet, Solomon ? D'où vient-elle ?

— Elle a toujours été présente, Sara. Elle est là de façon naturelle.

— Alors, pourquoi les gens ne la font-ils pas gicler autour d'eux ?

— Parce que la majorité des gens se sont déconnectés du robinet, Sara. Pas intentionnellement, seulement ils ne comprennent pas comment rester connectés.

— Bon, d'accord, Solomon, est-ce que tu prétends que je peux me connecter à la gratitude quand je le veux et que je peux en asperger n'importe où, à tout moment, sur tout ce que je veux ?

— C'est exact, Sara. Et chaque fois que tu aspergeras de gratitude à l'aide de ton tuyau, tu commenceras à remarquer des changements très flagrants.

— Formidable ! murmura Sara, tentant intérieurement de saisir l'ampleur de ce qu'elle venait d'apprendre. Solomon, c'est comme de la magie !

— C'est ce qu'on dirait, au début, Sara, mais avec le temps, on commence à trouver cela très naturel. Se sentir bien, pour ensuite agir à son tour comme un déclencheur afin d'aider les autres à se sentir bien, est la chose la plus naturelle que tu ne feras jamais !

Sara ramassa son sac de livres et le manteau qu'elle avait mis de côté, et s'apprêta à saluer Solomon en le quittant pour la journée.

— Souviens-toi, Sara, ton travail est de rester connectée au robinet.

Sara s'arrêta et se retourna vers Solomon, réalisant soudain que cela ne serait peut-être pas aussi facile, ni magique, que Solomon avait d'abord laissé entendre.

— Y a-t-il un truc pour rester connecté au robinet, Solomon ?

— Au départ, ça demande un peu d'entraînement. Tu deviendras de plus en plus habile à le faire. Au cours des prochains jours, ne pense qu'à une chose, puis prends conscience de tes émotions. Tu remarqueras, Sara, que lorsque tu ressens de la gratitude, de la complaisance, que tu louanges ou que tu remarques des aspects positifs, tu te sens merveilleusement bien, et cela signifie que tu es connectée au robinet. Mais quand tu jettes le blâme, que tu critiques ou encore que tu trouves des failles, tu ne te sens pas bien. Et cela signifie que tu es déconnectée, à tout le moins pendant que tu es malheureuse. Prends du plaisir à faire cet exercice, Sara.

Sur ces paroles, Solomon disparut.

Sara se sentait très euphorique, en marchant vers la maison, ce jour-là. Elle s'était déjà amusée – beaucoup – au jeu de gratitude de Solomon, mais l'idée de ressentir de la gratitude pour rester connectée à ce merveilleux robinet l'excitait encore plus. D'une certaine façon, cela donnait à Sara un motif supplémentaire de gratitude.

Sara tourna le coin qui marquait la dernière partie de sa marche vers la maison quand elle aperçut la vieille tante Zoie se déplaçant très lentement pour remonter son allée. Sara ne l'avait pas vue de tout l'hiver, et elle fut surprise de la voir dehors. Tante Zoie ne la vit pas ; Sara ne la salua pas, car elle ne voulait pas la faire sursauter et, de plus, elle ne voulait pas être entraînée dans la longue conversation qui en résulterait sûrement. Tante Zoie parlait très lentement, et au fil des années, Sara avait appris à éviter la frustration de voir tante Zoie chercher ses mots pour exprimer sa pensée. C'était comme si son cerveau fonctionnait beaucoup plus vite que sa bouche et qu'elle s'emmêlait et ne savait plus où elle en était dans sa réflexion. La tentative de Sara pour l'aider en plaçant un mot ici et là n'arrivait qu'à impatienter tante Zoie. Sara avait donc décidé que l'évitement était la meilleure solution, bien que cela ne lui ait jamais semblé correct non plus. Sara se sentit triste, en regardant cette pauvre vieille femme monter l'escalier avec peine. Elle tenait la main courante de toutes ses forces, abordant une marche à la fois, grimpant très lentement les quatre ou cinq marches menant à la véranda devant sa maison.

« J'espère que je ne serai pas ainsi, quand je serai vieille », pensa Sara.

C'est alors que Sara se rappela sa dernière conversation avec Solomon.

« Le robinet ! Je vais l'asperger grâce au robinet ! Tout d'abord, je vais me connecter au robinet, puis je vais l'arroser tout entière. »

Mais l'émotion n'y était pas.

« Bon, je vais essayer de nouveau. »

Malgré cela, elle ne semblait pas connectée. Sara éprouva tout de suite de la frustration.

— Mais, Solomon, supplia-t-elle, ceci est vraiment important. Tante Zoie a besoin d'être aspergée.

Aucune réponse de Solomon.

— Solomon, où es-tu ?

Sara cria à pleins poumons, ne réalisant même pas que tante Zoie l'avait à présent remarquée et qu'elle se tenait en haut de l'escalier et la regardait.

— À qui parles-tu ? aboya tante Zoie à son intention.

Sara sursauta et se sentit embarrassée.

— Oh ! À personne, dit-elle.

Et Sara décampa le long du chemin, dépassant le jardin de tante Zoie, lequel ressemblait en ce moment à un champ boueux en attente des plantations du printemps. Rougissante et furieuse, Sara rentra à la maison.

CHAPITRE VINGT

— Solomon, où étais-tu, hier ? se plaignit Sara lorsqu'elle rencontra Solomon perché sur son poteau. J'avais besoin de toi pour m'aider à me connecter au robinet afin d'aider tante Zoie à se sentir mieux.

— Comprends-tu pourquoi tu as eu de la difficulté à te connecter, Sara ?

— Non, Solomon. Pourquoi n'ai-je pas été capable de me connecter ? Je le voulais vraiment.

— Pourquoi ?

— Je voulais vraiment aider tante Zoie. Elle est tellement vieille et désorientée. Assurément, sa vie ne doit pas être très amusante.

— Alors, tu voulais te connecter au flux pour asperger tante Zoie, pour réparer ce qui ne va pas pour elle afin qu'elle puisse être heureuse ?

— Oui, Solomon. Acceptes-tu de m'aider ?

— En fait, Sara, j'aimerais t'aider, mais j'ai bien peur que cela ne soit pas possible.

— Pourquoi pas, Solomon ? Que veux-tu dire ? Elle est vraiment la plus gentille des vieilles dames. Tu l'aimerais, je pense. Je suis certaine qu'elle n'a jamais fait de mal…

— Je suis certain que tu as raison, Sara. Tante Zoie est une femme merveilleuse. La raison pour laquelle nous ne pouvons pas l'aider, dans ces circonstances précises, n'a rien à voir avec elle ; c'est à cause de toi.

— De moi ?! De quoi suis-je coupable, Solomon ? J'essaie juste de l'aider !

— Oui, en effet, Sara. C'est ce que toi, tu veux. Seulement, tu abordes la question d'une façon qui ne peut pas fonctionner. Souviens-toi : ton travail est de te connecter au robinet.

— Je sais cela, Solomon. C'est pourquoi j'avais besoin de toi. Pour m'aider à me connecter.

— Mais vois-tu, Sara, je ne peux pas t'aider non plus. Tu dois trouver ta zone de reconnaissance.

— Je ne comprends pas, Solomon.

— Rappelle-toi, Sara, tu ne peux pas faire partie de la chaîne de douleur et être connectée au robinet du bien-être en même temps. C'est l'un ou l'autre. Quand tu observes une condition indésirable qui te rend triste, cette émotion négative t'indique que tu n'es pas connectée au flux naturel du bien-être ; tu n'as donc rien à offrir à un autre.

— Ça alors, Solomon, ça paraît impossible. Si je vois une personne qui a besoin d'aide, le fait de la voir dans le besoin me fait vibrer d'une façon qui m'empêche de l'aider. C'est tout simplement affreux. Comment pourrai-je un jour aider quelqu'un ?

— Tu dois te rappeler que la chose la plus importante est de rester connectée au robinet du bien-être. Tu dois donc garder tes pensées dirigées de telle façon que tu continues à être heureuse. En d'autres mots, Sara, tu dois être plus consciente de ta connexion au robinet du bien-être que des conditions qui t'entourent. C'est la clé.

« Sara, pense à ce qui s'est passé hier. Raconte-moi ce qui est arrivé avec tante Zoie.

— D'accord. Je rentrais à pied de l'école et j'ai vu tante Zoie clopinant le long de l'allée devant sa maison. Sa mobilité est très réduite, Solomon. Elle peut à peine marcher. Elle possède une canne ancienne faite de très vieux bois qu'elle utilise pour se tenir debout.

— Que s'est-il passé ensuite?

— Eh bien, rien ne s'est réellement produit. J'étais simplement en train de me dire qu'il est vraiment triste qu'elle soit si invalide.

— Que s'est-il passé ensuite?

— Eh bien, il n'est rien arrivé, Solomon…

— Comment te sentais-tu, à peu près à ce moment-là, Sara?

— En fait, Solomon, j'étais très affligée. J'étais vraiment très désolée pour tante Zoie. Elle avait peine à se hisser en haut des marches. Ensuite, j'ai aussi eu peur de devenir comme elle quand je serai vieille.

— Voilà le point crucial de l'affaire, Sara. Quand tu remarques une chose qui te rend malheureuse, cela t'indique que tu observes une condition qui te déconnecte du robinet. Tu comprends, Sara, en vérité, tu es connectée au robinet de façon naturelle. Tu n'as rien à faire pour te connecter à lui. Par contre, il est essentiel que tu sois attentive aux sentiments qui t'habitent, afin de savoir quand tu es déconnectée. C'est cela, une émotion négative.

— Dans ce cas, qu'aurais-je dû faire pour rester connectée, Solomon?

— J'ai remarqué, Sara, que lorsqu'on a comme priorité de rester connecté, on trouve de plus en plus de pensées pour rester connecté. Mais tant que vous ne comprendrez pas réellement que c'est ce qui est le plus important, la plupart d'entre vous ne feront que tourner en rond.

« Je vais te donner une liste de pensées – ou déclarations –, et en les entendant, prends note de tes émotions. La déclaration te connecte-t-elle au robinet, ou l'inverse?

— D'accord.

— Regarde cette pauvre vieille femme. Elle peut à peine marcher.

— Eh bien, cela m'attriste, Solomon.

— Je ne sais pas du tout ce qui arrivera à tante Zoie. Elle réussit difficilement à monter l'escalier, à présent. Que fera-t-elle, quand son état empirera?

— Cela me déconnecte, Solomon. C'est facile.

— Je me demande où sont ses enfants ingrats. Pourquoi ne viennent-ils pas prendre soin d'elle ?

— Je me suis posé cette question, Solomon. Et tu as raison. Cela me déconnecte aussi.

— Tante Zoie est une vieille femme forte. Je crois qu'elle aime son indépendance.

— Hum. Cette pensée fait naître de bonnes émotions.

— Même si quelqu'un essayait de prendre soin d'elle, elle n'aimerait probablement pas cela.

— Oui. Cette pensée aussi est meilleure. Et elle exprime probablement la vérité, Solomon. Elle se met en colère contre moi, quand je tente de faire des choses pour elle.

Sara se souvint combien tante Zoie devenait irritable, quand Sara s'impatientait et tentait de finir ses phrases pour elle.

— Cette merveilleuse vieille dame a vécu une longue vie bien remplie. Je n'ai aucun moyen de savoir si elle est malheureuse.

— Ça me touche d'une bonne façon.

— Il se peut très bien qu'elle mène la vie qu'elle souhaite.

— Ça me touche d'une bonne façon aussi.

— Je gage qu'elle a des tas de merveilleuses histoires à raconter sur les choses qu'elle a vues. Je vais prendre le temps d'aller lui rendre visite de temps à autre, pour savoir si c'est le cas.

— Ça me remplit d'une émotion très positive, Solomon. Je pense que tante Zoie aimerait cela.

— Vois-tu, Sara, tu peux regarder le même sujet – dans ce cas, le sujet est tante Zoie – et trouver plusieurs conditions différentes sur lesquelles concentrer ton attention. Et selon les émotions que tu éprouves, tu peux savoir si tu as choisi une condition qui aide ou une qui n'aide pas.

Sara se sentait tellement mieux.

— Je crois que je commence à comprendre le principe, Solomon.

— Oui, Sara, je crois que c'est le cas. À présent que tu veux le comprendre en toute connaissance de cause, je m'attends à ce que tu aies plusieurs occasions d'en saisir le sens. Prends du plaisir à le faire, Sara.

CHAPITRE VINGT-ET-UN

LES CHOSES DONNAIENT L'IMPRESSION D'ALLER DE mieux en mieux. Chaque jour semblait contenir davantage de choses positives que de mauvaises choses.

« Je suis si contente d'avoir trouvé Solomon, songea Sara tout en rentrant à pied à la maison après une journée d'école sans aucun incident fâcheux. La vie devient vraiment de plus en plus agréable, pour moi. »

Sara s'arrêta à son perchoir incliné sur le pont de la rue Principale et, suspendue au-dessus de la rivière qui s'écoulait rapidement, elle sourit largement. Son cœur chantait, et tout était pour le mieux dans le monde de Sara, ce jour-là.

En entendant éclater des cris enfantins, Sara leva les yeux et vit Jason et Billy courant comme elle ne les avait jamais vus faire auparavant. Ils se déplaçaient si rapidement, quand ils la dépassèrent à toutes jambes qu'elle en conclut qu'ils ne devaient pas avoir remarqué qu'elle était perchée là, et elle les regarda retenir leur chapeau et courir à fond de train et dépasser le magasin Hoyt. Quelquc chose dans leur façon de courir fit rire un peu Sara. Ils avaient vraiment l'air un peu idiot, courant tellement vite qu'ils devaient tenir leur chapeau en place.

— Ces deux-là essaient continuellement de briser le mur du son.

Sara sourit, et elle se fit la remarque qu'ils ne l'embêtaient plus autant qu'ils en avaient l'habitude auparavant. Ils n'avaient pas beaucoup changé – en réalité, pas du tout –, mais ils ne lui tombaient plus autant sur les nerfs. Pas comme avant.

Sara envoya la main à monsieur Watson, qui, comme d'habitude, avait la tête sous le capot de la voiture d'un autre ; elle pressa ensuite le pas en se dirigeant vers le fourré de Solomon.

— Quelle belle journée !

Sara parla à voix haute, regardant vers le beau ciel bleu de l'après-midi et respirant l'air frais du printemps. Sara constatait généralement une amélioration de son moral, une fois que la neige avait entièrement fondu et que la végétation et les fleurs printanières commençaient à repousser. L'hiver était long, par ici. Ce n'était cependant pas la fin de l'hiver qui réjouissait autant Sara, mais la fin des classes. Trois mois de liberté pointant à l'horizon étaient toujours un motif de contentement, pour Sara. Toutefois, d'une certaine manière, Sara savait que le bonheur dans son cœur n'avait rien à voir avec la fin prochaine de l'année scolaire. Il s'agissait de la découverte de sa valve. Elle avait appris à la garder ouverte, envers et contre tout.

« C'est agréable de se sentir libre, songea Sara. C'est tellement bon de se sentir bien. C'est tellement bon de n'avoir peur de rien… »

— Hiiiiiiiiiiii ! hurla Sara, quand elle fut contrainte de sauter très haut dans les airs pour éviter de marcher directement sur le plus gros serpent qu'elle eût jamais vu sur le bord de la route.

Retombant sur ses pieds, très loin de l'autre côté du reptile, Sara s'aperçut qu'elle courait ventre à terre, et elle parcourut un pâté de maisons sur toute sa longueur sans s'arrêter le moins du monde jusqu'au moment où elle eut la certitude d'avoir laissé le serpent derrière elle.

— En fait, peut-être ne suis-je pas aussi courageuse que je le croyais, se dit Sara en se moquant d'elle-même.

C'est alors qu'elle se mit à rire de plus belle quand elle comprit la cause de l'excès de vitesse de Jason et de Billy et leur manque total d'intérêt à s'arrêter pour l'embêter. Sara riait et haletait encore, quand elle pénétra dans le fourré de Solomon.

Solomon attendait patiemment l'arrivée de Sara.

— Eh bien, Sara, tu es pleine d'un nouvel enthousiasme, aujourd'hui!

— Il y a des choses étranges qui m'arrivent, ces temps-ci, Solomon. Juste au moment où je crois que je comprends bien une chose, il m'arrive autre chose qui me fait réaliser que je ne comprends pas du tout. Juste au moment où je décide que je suis réellement brave et sans peur, une chose surgit et me fait mourir de peur. Les choses sont très bizarres, Solomon.

— Tu n'as pas l'air morte de peur, Sara.

— Bon, j'exagère un peu, Solomon, car comme tu vois, je ne suis pas morte...

— Ce que je voulais dire, c'est que tu n'as pas l'air effrayé. Tu sembles plutôt rire qu'autre chose.

— C'est vrai, je ris, à présent, Solomon, mais ce n'était pas le cas quand le grand et gros serpent était étendu en travers de mon chemin en attendant l'occasion de me mordre. Je venais tout juste de me faire la remarque que j'étais maintenant brave et sans peur quand j'ai ressenti une frayeur instantanée et que j'ai pris mes jambes à mon cou.

— Oh, je vois, répondit Solomon. Ne sois pas trop dure envers toi-même, Sara. Il est parfaitement naturel de réagir fortement, quand tu fais face à une condition déplaisante d'une façon quelconque. **Ce n'est pas ta première réaction à quelque chose, ni ton point d'attraction qui établit ta vibration, c'est ce que tu fais avec après qui a un effet durable.**

— Que veux-tu dire?

— Pourquoi penses-tu que le serpent t'a fait si peur, Sara?

— Parce que c'est un serpent, Solomon! Les serpents sont effrayants! Les serpents te mordent et te rendent malade. Ils peuvent même te tuer. Certains d'entre eux s'enroulent autour de toi, te brisent les côtes et t'étouffent pour t'empêcher de respirer, déclara Sara en se remémorant fièrement les détails d'un film terrifiant sur la nature qu'elle avait visionné en classe.

Sara marqua une pause pour reprendre son souffle et essaya de se calmer un peu. Ses yeux brillaient et son cœur battait à tout rompre.

— Sara, selon toi, les paroles que tu viens de prononcer te font-elles te sentir mieux, ou encore plus mal?

Sara dut prendre le temps d'y penser un moment, car elle n'avait pas accordé d'attention à la façon dont ses mots la touchaient. Elle était simplement excitée d'expliquer les émotions que provoquaient en elle les serpents.

— Tu vois, Sara, c'est ce que je voulais dire, quand j'ai déclaré que c'est ce que tu fais ensuite qui est le plus important. Pendant que tu parles sans arrêt de ce serpent et des autres serpents et de tout ce qu'ils peuvent faire de mauvais, tu t'emprisonnes dans cette vibration et la probabilité que tu finisses par attirer d'autres expériences désagréables avec les serpents est de plus en plus forte.

— Mais, Solomon, que dois-je faire? Enfin, ce vieux et gros serpent était tout simplement là. Puis, je l'ai vu. J'ai presque marché dessus. Ensuite, ne sachant pas ce qu'il aurait pu me faire…

— Et voilà que tu t'y remets, Sara. Tu imagines encore une chose que tu ne veux pas et, par le fait même, tu conserves cette image en tête.

Sara garda le silence. Elle savait ce que Solomon voulait dire, mais elle ne savait pas quoi en faire. Le fait que le serpent était siiiiii gros et siiiiii proche et siiiii effrayant faisait en sorte qu'elle ne trouvait aucune autre façon d'aborder le sujet.

— D'accord, Solomon, dis-moi ce que tu ferais si tu étais une petite fille qui avait presque marché sur un gros serpent.

— Eh bien, en premier lieu, Sara, tu dois te rappeler que ton but, d'abord et avant tout, est de trouver le foyer de tes émotions. Si tu as un autre but que celui-là, tu feras vraiment fausse route. Si tu essaies de savoir où sont tous les serpents, tu te sentiras plus mal. Si tu décides de rester vigilante afin de ne plus jamais apercevoir un serpent de près, tu te sentiras accablée. Si tu essaies d'apprendre à identifier tous les serpents afin de les cataloguer comme inoffensifs ou dangereux, tu ressentiras l'impossibilité de la tâche de tout clarifier cela. Passer au crible les conditions ne servira qu'à empirer les choses. Ton seul but est d'essayer d'aborder ce sujet d'une façon qui améliore la façon dont tu te sentais quand tu as sauté et couru te mettre à l'abri du serpent.

— Comment puis-je faire cela, Solomon ?

— Tu pourrais te dire quelque chose comme « Ce bon vieux gros serpent reste là uniquement pour prendre du soleil. Il est heureux que l'hiver soit terminé et le soleil est agréable pour lui, exactement comme il l'est pour moi. »

— En dépit de cela, je ne me sens pas encore mieux.

— « Il va de soi que je suis vigilante, continua Solomon. Heureusement, j'ai vu ce serpent – ou bien j'ai senti sa présence – et j'ai

pu sauter par-dessus pour ne pas le déranger. Le serpent ferait la même chose pour moi. »

— Mais le ferait-il, Solomon ? Comment le sais-tu ?

— Les serpents vivent tout autour de toi, Sara. Ils sont dans la rivière. Ils sont dans l'herbe où tu te promènes. Quand tu passes, ils s'écartent de ton chemin. Ils comprennent qu'il n'y a pas assez de place pour tout le monde. Ils comprennent l'équilibre parfait de votre planète physique. Leur valve est ouverte, Sara.

— Les serpents ont une valve ?

— Certainement qu'ils en ont une. Toutes les bêtes de votre planète ont une valve. Et leur valve est ouverte, la plupart du temps.

— Hum, dit Sara en réfléchissant. Elle se sentait beaucoup mieux, à présent.

— Vois-tu, Sara, à quel point tu te sens mieux, maintenant ? Rien n'a changé. Le serpent est toujours couché là où tu l'as vu la dernière fois. La condition n'a pas changé. Toutefois, ce que toi, tu éprouves a changé.

Sara savait que Solomon avait raison.

— Sara, à compter de maintenant, quand tu penseras aux serpents, tu ressentiras des émotions positives. Ta valve sera ouverte et la leur également. Et vous continuerez à vivre en harmonie.

Les yeux de Sara brillaient intensément, reflétant sa nouvelle compréhension.

— D'accord, Solomon. Je ferais mieux de partir. Je te verrai demain.

Solomon sourit alors que Sara gambadait le long du chemin. Puis, Sara s'arrêta et cria par-dessus son épaule :

— Solomon, penses-tu que j'aurai encore peur des serpents ?

— Eh bien, peut-être, Sara. Mais s'il t'arrive d'avoir peur, tu sauras quoi faire.

— Ouais, dit Sara avec un large sourire. Je le sais.

— Et un jour, ajouta Solomon, ta peur t'aura complètement quittée. Pas seulement à propos des serpents, mais à propos de tout.

Pendant que Sara marchait du fourré jusqu'à la maison, elle regarda au loin les nouvelles pousses d'herbes printanières le long de la route et se demanda combien de serpents s'y cachaient. Tout d'abord, elle frissonna un peu à la pensée effrayante que des serpents se cachaient dans les buissons longeant ses sentiers privés, puis elle songea qu'ils avaient été très gentils de rester cachés hors de sa vue. Qu'ils avaient été très gentils de ne pas surgir devant elle et de lui faire peur comme le faisaient si souvent Jason et Billy! Sara sourit en remontant l'allée de garage et en entrant dans son jardin. Elle se sentait victorieuse et forte. C'était agréable de laisser ses peurs derrière soi. C'était très agréable.

CHAPITRE VINGT-DEUX

— SARA! SARA! WOW, SARA! Devine quoi? Nous avons trouvé Solomon!

« Oh, non! Ce n'est pas possible! », pensa Sara, figée sur place dans la rue alors que Jason et Billy pédalaient vers elle à toute vitesse sur leur bicyclette.

— Que veux-tu dire par « Nous avons trouvé Solomon »? Trouvé où?

— Nous l'avons trouvé dans le sentier Thacker, Sara. Et devine quoi, encore? lui demanda fièrement Jason. Nous avons tiré sur lui!

Sara se sentit tellement faible qu'elle crut qu'elle allait tomber. Ses genoux se dérobèrent presque sous elle.

— Il était là, simplement perché sur son poteau, Sara. Alors, nous l'avons poussé à s'envoler dans le ciel, et Billy a ensuite tiré sur lui avec sa carabine à air comprimé. C'était épatant, Sara! Sauf qu'il n'est pas aussi grand que nous avions cru. Il est tout en plumes.

Sara n'en croyait pas ses oreilles. Le choc causé par ce qu'elle entendait était si intense, si fort, et pendant ce temps, Jason disait des bêtises à propos du fait qu'il n'était pas aussi grand qu'ils l'avaient cru ? Sara avait l'impression que sa tête allait exploser. Son sac de livres tomba par terre, et Sara s'élança en courant vers le fourré de Solomon, plus vite qu'elle ne l'avait fait de toute sa vie.

— Solomon ! Solomon ! Où es-tu, Solomon ? demanda Sara à grands cris, affolée.

— Ici, Sara, je suis ici. Ne sois pas inquiète.

Et là, allongé comme une masse chiffonnée, se trouvait Solomon.

— Oh, Solomon, pleura Sara en tombant à genoux dans la neige. Regarde-toi ! Regarde ce qu'ils t'ont fait.

Solomon était vraiment mal en point. Ses plumes habituellement lisses étaient froissées et semblaient pointer dans toutes les directions, et la neige blanc pur était tachée de rouge autour de lui.

— Solomon, Solomon, que dois-je faire ?

— Sara, ce n'est rien, vraiment.

— Mais, Solomon, tu saignes. Regarde tout ce sang. Est-ce que tu t'en sortiras ?

— Bien sûr, Sara. Tout est toujours pour le mieux.

— Oh, Solomon, je t'en prie, ne me parle pas encore de ces sottises à propos de « tout est pour le mieux ». Je peux très bien voir de mes propres yeux que tout n'est pas pour le mieux !

— Sara, approche-toi de moi, dit Solomon.

Sara rampa jusqu'à côté de Solomon et elle mit sa main sur son dos et caressa les plumes sous son menton. C'était la première fois que Sara touchait réellement à Solomon, et il semblait si doux et si vulnérable. Des larmes coulèrent sur les joues de Sara.

— Sara, ne confonds pas ce tas d'os et de plumes froissées avec qui est réellement Solomon. Ce corps n'est que le point focal, ou l'aspect, d'une chose qui en cache beaucoup plus à l'intérieur. Ton corps est pareil, Sara. Ce n'est pas réellement toi. Il n'est que l'aspect que tu revêts, pour l'instant, pour permettre à qui tu es vraiment de jouer, de grandir et de se réjouir.

— Mais, Solomon, je t'aime. Que vais-je faire, sans toi?

— Sara, où prends-tu ces idées? Solomon ne va nulle part. Solomon est éternel!

— Mais, Solomon, tu te meurs! lâcha brusquement Sara, souffrant plus que dans tous ses souvenirs.

— Sara, écoute-moi. Je ne suis pas en train de mourir, parce que la mort n'existe pas. C'est vrai, je n'utiliserai plus ce corps, à présent, mais il devenait vieux et un peu raide, de toute façon. J'ai un de ces torticolis depuis le jour où j'ai essayé de tourner ma tête au complet pour faire plaisir aux petits-enfants Thacker.

Sara rit à travers ses larmes. Solomon pouvait presque toujours la faire rire, même dans les pires moments.

— Sara, notre amitié est éternelle. C'est ainsi que toutes les fois où tu souhaiteras une conversation avec Solomon, tout ce que tu auras à faire sera de décider de quoi tu veux parler, concentrer ton attention sur le sujet, te transporter dans un endroit où tu te sens très heureuse, et je serai là avec toi.

— Mais est-ce que je te verrai, Solomon ? Serai-je en mesure de te voir et de te toucher ?

— Eh bien, probablement pas, Sara. Pendant un moment, à tout le moins ; mais, Sara, ce n'est pas ce qui détermine notre relation, de toute façon.

« Nous sommes des amis de l'esprit, toi et moi.

Et sur ces dernières paroles, le corps meurtri se relâcha dans la neige et ses grands yeux se fermèrent en clignant.

— Non !!!!!!

La voix de Sara résonna dans le pâturage.

— Solomon ne me quitte pas !

Mais Solomon resta silencieux.

Sara se leva, regardant vers le corps de Solomon. Il paraissait si petit, allongé là dans la neige, ses plumes oscillant doucement dans le vent. Sara retira son manteau et l'étendit dans la neige à côté de Solomon. Elle le souleva avec précaution et le déposa sur son manteau, qu'elle enroula autour de lui. Sara remarqua ensuite qu'il faisait vraiment froid ; elle transporta alors Solomon le long du sentier Thacker.

— Sara, notre amitié est éternelle. C'est ainsi que toutes les fois où tu souhaiteras une conversation avec Solomon, tout ce que tu auras à faire sera de décider de quoi tu veux parler, concentrer ton attention sur le sujet, te transporter dans un endroit où tu te sens très heureuse, et je serai là avec toi, déclara à nouveau Solomon.

Mais Sara ne pouvait pas l'entendre.

CHAPITRE VINGT-TROIS

Sara ne savait pas quoi faire ni par où commencer ses explications, pour apprendre à ses parents qui était Solomon et quel ami important il était devenu pour elle. Sa tête tournait, et elle était remplie de regrets pour n'avoir pas davantage parlé de Solomon à sa famille, car à présent, elle n'avait aucun moyen de leur faire comprendre la tragédie qui venait de s'abattre sur elle. Elle s'était entièrement tournée vers Solomon pour la guider et la réconforter; elle avait pratiquement coupé ce type de liens avec sa propre famille, et maintenant, elle faisait face à la perte de Solomon. Elle se sentait vraiment seule, sans personne vers qui se tourner.

Elle ne savait pas quoi faire de Solomon. Le sol était encore si gelé et dur qu'elle savait qu'elle ne serait pas en mesure de creuser une tombe pour lui. L'idée de le jeter dans la chaudière à charbon, située dans la salle de chauffage, comme elle avait vu son père le faire avec des souris ou des oiseaux morts, était trop affreuse pour y penser.

Sara était toujours assise dans l'escalier devant sa maison, Solomon dans ses bras et des larmes inondant son visage, quand la voiture de son père dérapa en s'arrêtant rapidement sur l'allée de garage en gravier. Il sortit vivement de la voiture en portant le sac trempé de Sara et une pile de livres fripés. Sara avait oublié toutes ses choses, abandonnées sur le bord de la route.

— Sara, monsieur Matson m'a téléphoné au travail. Il a trouvé ton sac et tes livres sur le bord du chemin. Nous pensions qu'il t'était arrivé quelque chose, Sara! Est-ce que ça va?

Sara essuya son visage mouillé, embarrassée d'être surprise ainsi par son père. D'une certaine façon, elle voulait cacher Solomon pour continuer à le garder secret, et en même temps, elle souhaitait, terriblement, trouver un certain réconfort en racontant toute l'histoire à son père.

— Sara, que s'est-il passé? Qu'est-ce qui ne va pas, mon ange?

— Oh, papa! lâcha Sara. Jason et Billy ont tué Solomon.

— Solomon? dit son père d'un ton interrogateur, alors que Sara ouvrait son manteau pour lui montrer son ami décédé.

— Oh, Sara, je suis tellement désolé.

Il n'avait aucune idée de la raison pour laquelle ce hibou mort était si important pour Sara, mais il était évident qu'elle vivait un drame majeur. Il n'avait jamais vu sa fille ainsi, auparavant. Il voulait la prendre dans ses bras et l'embrasser pour faire disparaître sa douleur, mais il savait qui s'était produit était beaucoup trop grave pour cela.

— Sara, donne-moi Solomon. Je vais lui creuser une tombe derrière le poulailler. Entre te réchauffer.

C'est à cet instant seulement que Sara réalisa combien elle avait froid. Elle relâcha son précieux paquet à contrecœur et déposa Solomon dans les bras de son père. Sara se sentait faible, très triste et tellement, tellement fatiguée. Elle resta assise dans l'escalier en regardant son père transporter délicatement son beau Solomon hors de sa vue. Elle sourit mollement à travers ses larmes quand elle remarqua comment son père transportait son paquet de plumes avec sérieux et beaucoup de douceur, semblant comprendre, d'une manière ou d'une autre, combien il était précieux.

Sara tomba à plat sur son lit encore tout habillée. Elle envoya valser ses chaussures sur le sol et sanglota dans son oreiller, puis elle s'endormit.

CHAPITRE VINGT-QUATRE

SARA SE RENDIT COMPTE QU'ELLE ÉTAIT dans un fourré inconnu, entouré de belles fleurs du printemps, des oiseaux et des papillons aux couleurs vives voletant autour d'elle.

— Eh bien, Sara, il semble que tu aies beaucoup de choses à raconter, aujourd'hui, blagua Solomon.

— Solomon ! cria Sara avec joie. Solomon, tu n'es pas mort, tu n'es pas mort ! Oh, Solomon, je suis tellement contente de te voir !

— Pourquoi es-tu si étonnée, Sara ? Je t'ai dit que la mort n'existe pas.

« Maintenant, Sara, de quoi veux-tu parler ? lui demanda Solomon calmement comme si rien d'extraordinaire n'avait eu lieu.

— Solomon, je sais que tu as dit que la mort n'existe pas, mais tu avais l'air mort. Je sentais que ton corps s'était relâché, et tu étais lourd, et tes yeux étaient fermés, et tu ne respirais plus.

— Eh bien, Sara, tu t'étais simplement habituée à voir Solomon d'une certaine façon. Mais, à présent, tu as l'occasion – parce ce que ton désir est beaucoup plus fort que jamais auparavant – de voir Solomon dans une perspective plus large. D'une façon plus universelle.

— Que veux-tu dire ?

— Vois-tu, la plupart des gens voient les choses uniquement à travers leurs yeux physiques, mais tu as maintenant l'occasion de voir les choses à travers des yeux plus larges, davantage à travers les yeux de la vraie Sara qui vit à l'intérieur du corps physique de Sara.

— Tu veux dire qu'il y a une autre Sara qui vit en moi, comme toi qui es le Solomon qui vivait dans le corps de mon Solomon ?

— Oui, Sara, c'est cela. Et cette Sara intérieure est éternelle. Cette Sara intérieure ne mourra jamais, tout comme le Solomon intérieur que tu vois ici ne mourra jamais.

— Eh bien, tout cela me semble merveilleux, Solomon. Est-ce que je te verrai de nouveau dans le sentier Thacker, demain ?

— Non, Sara, je ne serai pas là.

Sara fronça les sourcils.

— Allons, penses-y, Sara ! Toutes les fois que tu souhaites converser avec Solomon, tu le peux. Peu importe où tu es. Tu n'as plus besoin de te rendre dans le fourré. Tu n'as qu'à penser à Solomon, à te rappeler comment tu te sentais quand tu rendais visite à Solomon, et j'y viendrai pour te voir.

— Bon, ça me semble bien, Solomon. Toutefois, j'ai adoré nos rencontres dans le fourré. Es-tu certain que tu n'aimerais pas mieux te rendre là-bas, comme avant ?

— Sara, tu finiras par aimer davantage notre nouvelle façon d'interagir que tu as adoré notre plaisir dans le fourré. Il n'y a aucune limite à notre nouvelle façon d'interagir. Tu verras. Nous aurons beaucoup de plaisir.

— D'accord, Solomon. Je te crois.
— Bonne nuit, Sara.
— Solomon ! cria Sara, ne voulant pas qu'il la quitte si tôt.
— Oui, Sara ?
— Merci de ne pas être mort.
— Bonne nuit, Sara. Tout va bien.

PARTIE 2

Le Bonheur de la vie éternelle après la mort, selon Sara et Solomon

CHAPITRE VINGT-CINQ

— DIS-MOI, SOLOMON, N'ES-TU PAS FURIEUX CONTRE Jason et Billy parce qu'ils ont tiré sur toi ?

— Pourquoi, Sara ? Pourquoi serais-je furieux contre eux ?

— Eh bien, Solomon, ils ont tiré sur toi ! répliqua Sara, stupéfaite.

Comment Solomon pouvait-il ne pas comprendre sa question et comment pouvait-il ne pas être en colère contre eux pour avoir fait une chose si terrible ?

— Non, Sara. Quand il m'arrive de penser à Jason et à Billy, je leur suis simplement reconnaissant de t'avoir menée à moi.

— Mais, Solomon. Ne penses-tu pas que le fait qu'ils t'aient fusillé est plus important que cela ?

— Sara, la seule chose importante est que je me sente bien. Et je ne peux pas ressentir de la colère envers Jason et Billy et être heureux en même temps. **Garder ma valve ouverte est la chose la plus importante, Sara ; je choisis donc toujours des pensées qui me rendent heureux.**

— Attends une minute, Solomon. Es-tu en train d'affirmer que peu importe combien une personne est mauvaise et quel genre de choses affreuses elle peut faire, tu ne penses pas à ces choses ? Que personne ne peut faire une chose mauvaise au point de te mettre en colère ?

— Sara, ils ont tous de bonnes intentions.

— Ah ! Solomon, voyons ! ILS ONT TIRÉ SUR TOI ! À quel point ça doit devenir méchant, avant que tu ne comprennes combien ça l'est ?

— Sara, laisse-moi te poser une question. Crois tu que si je me mettais très, très en colère contre Jason et Billy pour avoir tiré sur moi, ils ne tireraient plus sur les choses ?

Sara garda le silence. Elle ne pensait pas que la colère de Solomon y changerait quelque chose. Elle avait été en colère contre eux d'innombrables fois pour avoir tiré sur des choses, et cela ne les avait jamais arrêtés.

— Non, Solomon. J'imagine que non.

— As-tu trouvé à quelle fin pourrait servir ma colère ?

Sara réfléchit à cela aussi.

— Si je me mettais en colère contre eux, ça pourrait te donner l'impression que ta propre colère est justifiée, Sara, mais alors je ne ferais que me joindre à ta chaîne de douleur et aucun bien ne sortirait de cela.

— Mais, Solomon, protesta Sara, c'est juste qu'on dirait que...

— Sara, l'interrompit Solomon, nous pourrions discuter toute la nuit de quelles actions sont bonnes et lesquelles sont mauvaises. Tu pourrais passer le reste de ta vie à tenter de décider quels comportements sont appropriés et lesquels ne le sont pas ; il faudrait ensuite déterminer dans quelles conditions ces comportements sont appropriés et dans lesquelles ces comportements ne le sont pas.

Cependant, ce que j'ai compris, c'est que la moindre parcelle de temps – même une minute – que je passe à essayer de justifier la tristesse que je ressens est une perte de vie. Et j'ai appris que plus vite je peux me rendre dans un endroit où je me sens bien, plus la vie est belle et plus j'ai à offrir aux autres.

« Donc, à travers de longues années d'existence et de nombreuses expériences, j'ai fini par savoir que je peux choisir des pensées qui ferment ma valve, ou je peux choisir des pensées qui ouvrent ma valve ; dans chaque cas, il s'agit de MON choix. C'est pourquoi j'ai cessé de jeter le blâme sur les Jason et les Billy il y a longtemps de cela, car ça ne m'aidait pas – et ça ne les aidait pas non plus.

Sara ne disait pas un mot. Elle allait devoir réfléchir à ce sujet. Elle avait déjà décidé qu'elle ne pardonnerait JAMAIS à Jason son acte horrible, et voilà que Solomon refusait de se joindre à elle, même un peu, dans son accusation.

— **Rappelle-toi, Sara ; si tu laisses les conditions qui t'entourent prendre le contrôle de tes émotions, tu seras toujours piégée. Par contre, quand tu es capable de contrôler tes émotions – parce que tu contrôles les pensées que tu offres –, c'est à ce moment-là que tu es vraiment libre.**

Sara se souvint avoir déjà entendu une chose semblable venant de Solomon, mais à cette époque, il n'y avait rien d'aussi important qui les mettait à l'épreuve. D'une certaine façon, ceci semblait trop gros à pardonner.

— Sara, dans ce vaste monde où tellement de gens ont des idées différentes à propos de ce qui est bien et de ce qui est mal, tu devras souvent faire face à des comportements qui pourraient te sembler inappropriés. Exigeras-tu que tous ces gens changent leur façon d'agir uniquement pour te faire plaisir ? Voudrais-tu le faire, même si tu le pouvais ?

L'idée que tout le monde puisse agir d'une façon qui lui ferait plaisir avait un certain charme pour Sara, mais elle ne croyait pas vraiment que c'était une chose possible.

— Eh bien, non ; j'imagine que non.

— Alors, quelle est la solution de rechange ? Est-ce que tu te mettras à l'abri quelque part, te protégeant contre la possibilité d'être témoin de leurs comportements variés, te faisant toi-même prisonnière dans ce monde magnifique ?

De fait, cette option ne lui plaisait pas, mais Sara reconnut des traces de ce comportement dans son passé pas si lointain, alors qu'elle avait souvent, mentalement, pris ses distances par rapport aux autres, se réfugiant dans son propre esprit et les laissant tous, ou presque, derrière elle.

« Ce n'était pas des jours heureux », se souvint Sara.

— **Sara, tu ressentiras une telle joie, quand tu seras capable de garder ta valve ouverte, envers et contre tout. Quand tu seras capable de reconnaître que de nombreuses personnes font des choix différents ; ils ont une foi différente, ils ont des désirs différents, ils agissent différemment, et quand tu comprends que tout cela est ajouté à un ensemble plus parfait et que rien là-dedans n'est une menace pour toi – parce que la seule chose qui te touche est ce que tu fais avec ta propre valve –, tu vis alors plus librement et joyeusement.**

— Mais, Solomon, Jason et Billy ont fait plus que des menaces. Ils ont tiré sur toi. Ils t'ont tué !

— Sara, tu ne t'es pas encore remise de cela, n'est-ce pas ? Ne peux-tu pas voir que je ne suis pas mort ? Sara, je suis tout ce qu'il y a de plus vivant. Pensais-tu que je voudrais continuer à vivre dans le vieux corps fatigué de ce hibou pour toujours ?

Sara savait que Solomon se moquait d'elle, car il n'avait pas l'air fatigué ni vieux.

— C'est avec une immense joie que j'ai laissé ce corps physique, sachant que quand je le veux, je peux verser mon énergie dans un autre corps plus jeune, plus fort et plus rapide.

— Tu veux dire que tu voulais qu'ils tirent sur toi ?

— C'est une création commune, Sara. C'est la raison pour laquelle je leur ai permis de me voir. Afin qu'ils puissent participer avec moi à la création de cette très importante expérience. Pas seulement pour moi, mais pour toi aussi, Sara.

Sara avait été tellement envahie par tout ce qui était survenu depuis la fusillade de Solomon qu'elle n'avait pas eu le temps de se demander comment il se faisait que Jason et Billy avaient pu voir Solomon.

— Ce qu'il est important de comprendre, Sara, est que premièrement, tout va réellement bien, peu importe ce qu'il te semble de ton point de vue physique. Et deuxièmement, quand ta valve est ouverte, seules les bonnes choses peuvent venir à toi.

« Sara, essaie d'apprécier Jason et Billy comme je le fais. Tu te sentiras beaucoup mieux.

« Quand les poules auront des dents », se dit Sara.

Puis, elle rit de sa propre réponse négative.

— Je vais y penser, pour toi. Mais c'est tellement différent de ce que j'ai cru jusqu'à présent. On m'a toujours appris que lorsqu'une personne fait quelque chose de mal, elle doit être punie.

— Le problème avec cela, Sara, c'est que vous avez tous de la difficulté à décider qui doit décider ce qui est mal. La plupart d'entre vous croient que c'est vous qui avez raison ; par conséquent, les autres ont tort. Les êtres physiques s'entretuent depuis des années en débattant cette question. Malgré les guerres et les tueries qui ont eu lieu sur votre planète depuis des milliers d'années, vous n'en êtes toujours pas venu à une entente. Vous vous porteriez tous tellement mieux si vous étiez seulement attentifs à vos propres valves. La vie serait beaucoup plus belle, immédiatement.

— Penses-tu que les gens seront en mesure de comprendre leur valve ? Penses-tu que tout le monde la maîtrisera ?

Sara se sentait dépassée par l'énormité de cette entreprise.

— Ce n'est pas important, Sara. Parce que la seule chose qui importe pour toi, c'est que **toi**, tu la maîtrises.

Eh bien, cette partie ne semblait pas aussi énorme.

— D'accord, Solomon. Je vais m'y entraîner encore un peu.

— Bonne nuit, Sara. J'ai pris un immense plaisir à notre rencontre.

— Moi aussi, Solomon. Bonne nuit.

CHAPITRE VINGT-SIX

Sur leur bicyclette, Jason et Billy filèrent devant Sara en criant quelque chose d'odieux et d'inintelligible. Sara sourit, lorsqu'ils la dépassèrent ; sur le coup, elle fut légèrement étonnée en réalisant qu'ils la décevraient s'ils n'agissaient pas aussi méchamment qu'ils en étaient capables et que, d'une façon un peu bizarre, ils étaient tous les trois les créateurs de ce jeu qu'ils jouaient toujours ensemble : « Je suis ton méchant petit frère, et voici mon odieux et méchant ami, et notre tâche est de rendre ta vie misérable avec tous les moyens à notre disposition, et ton rôle est de réagir à ce que nous faisons en étant malheureuse. »

« C'est étrange, songea Sara. Je ne suis pas censée avoir du plaisir avec eux. Qu'est-ce qui m'arrive, en ce moment ? »

Pendant qu'elle continuait vers la maison, l'habitude porta presque ses pas vers le coin pour bifurquer vers le fourré de Solomon, oubliant temporairement que ce n'était plus leur lieu de rencontre. Cette pensée rappela à Sara la fusillade de Solomon, et cette nouvelle pensée rappela à Sara la réaction de Solomon au fait qu'il s'était fait fusiller par deux méchants petits garçons. À cet instant, Sara prit fortement conscience d'une chose.

« Jason et Billy ont tiré sur Solomon, et Solomon les aime encore. Solomon est capable de garder sa valve ouverte même dans ces conditions ; dans ce cas, je peux apprendre à garder ma valve ouverte aussi. Il est possible que ma vie soit assez importante pour moi pour que je ne sois pas irritée par ce que les autres font ou disent. »

Le corps de Sara se recouvrit de chair de poule. Elle se sentait légère et éprouvait une sensation de picotement ; elle sut qu'elle venait de comprendre quelque chose d'essentiel.

— C'est bien, Sara. Je suis d'accord avec toi de tout cœur, dit la voix de Solomon qui parvint à Sara.

— Bonjour, Solomon. Où es-tu ? demanda Sara, aspirant encore à une vision de Solomon sur qui elle pourrait lever les yeux en bavardant.

— Je suis ici, Sara, répondit Solomon, répondant à la question brièvement pour passer rapidement à un sujet plus important. Sara, tu viens tout juste de prononcer le secret le plus important de la vie. Tu commences à comprendre ce qu'est vraiment l'amour inconditionnel.

— L'amour inconditionnel ?

— Oui, Sara, tu commences à comprendre que tu es une amoureuse. Tu es le prolongement physique de l'énergie pure, positive et non physique, autrement dit l'amour. Et lorsque tu es capable de permettre à cette énergie d'amour pur de circuler, envers et contre tout, malgré les conditions qui t'entourent, tu as alors atteint l'amour inconditionnel. À ce moment-là – et seulement à ce moment-là –, tu es réellement le prolongement de ton vrai moi et de qui tu devais devenir ici. À ce moment-là – et seulement à ce moment-là –, tu accomplis vraiment ta raison d'être. C'est excellent, Sara.

Sara exultait. Elle ne comprenait pas complètement l'ampleur de ce que Solomon disait, mais elle savait, en raison de l'enthousiasme avec lequel il le disait, que ce devait être très important, et elle était convaincue que Solomon était très content d'elle.

— Eh bien, Sara, je sais que cela semble un peu étrange, au début. C'est une toute nouvelle orientation pour la plupart des gens, mais tant que tu ne comprends pas cela, tu ne seras jamais réellement heureuse. Pas pour longtemps, en tout cas.

« Assieds-toi ici, et contente-toi d'écouter un petit moment ; je vais t'expliquer comment tout cela fonctionne.

Sara trouva un endroit sec et ensoleillé, et elle s'y laissa tomber pour écouter Solomon. Elle adorait écouter le son de la voix de Solomon.

— Il y a un flot de pure énergie positive qui s'écoule vers toi en tout temps. Quelques-uns l'appellent la « force de vie ». On lui donne différents noms, mais il s'agit du flot d'énergie qui a créé votre planète au départ. Et c'est le flot d'énergie qui continue de soutenir votre belle planète. Ce flot d'énergie fait en sorte que votre planète continue à tourner dans son orbite à distance parfaite des autres planètes. Ce flot maintient l'équilibre parfait de votre microbiologie.

« Ce flot maintient l'équilibre parfait de l'eau sur votre planète. C'est le flot qui s'assure que ton cœur bat, même quand tu dors. C'est un merveilleux et puissant flot de bien-être, Sara, et ce flot coule vers chacun de vous chaque minute de vos jours et nuits.

— Incroyable, soupira Sara en tentant de comprendre ce merveilleux et puissant flot.

— En tant que personne vivant sur ta planète, Sara, tu peux à tout moment accepter ou rejeter ce merveilleux flot. Tu peux le laisser couler vers toi et en toi, ou tu peux refuser le flot.

— Pourquoi quiconque ne voudrait-il pas de ce flot ?

— Oh, tout le monde le voudrait, Sara, s'il le comprenait. Et personne n'y résiste consciemment. C'est simplement qu'ils ont des habitudes qu'ils ont apprises les uns des autres qui offrent une résistance à ce flot de bien-être.

— Comme quoi, Solomon ?

— **Eh bien, Sara, la raison principale responsable de la résistance des gens au flot de bien-être est qu'ils regardent la preuve créée par d'autres qui sont réfractaires au flot de bien-être.**

Sara semblait perplexe. Elle ne comprenait pas vraiment cela, encore.

— Vois-tu, Sara, quand tu prêtes attention à une chose, juste en l'observant tu commences à vibrer comme elle pendant que tu l'observes. Donc, si tu regardes la maladie, par exemple, pendant que tu la regardes ou que tu en parles ou que tu penses à la maladie, tu ne permets pas au flot de bien-être de couler vers toi. Tu dois regarder le bien-être, pour accepter le bien-être.

Sara commença à se dérider.

— Ah ! Ça ressemble à ce truc à propos des oiseaux d'un même plumage dont nous avons déjà parlé. N'est-ce pas ?

— C'est exact, Sara. C'est à propos de la loi de l'attraction. Si tu veux attirer le bien-être, tu dois vibrer comme le bien-être. Mais si tu centres ton attention sur une personne malade, tu n'es pas en mesure d'accepter le bien-être en même temps.

Sara commença à grimacer, en réfléchissant à ce que Solomon disait.

— Mais, Solomon, je pensais que je devais aider les gens malades. Comment puis-je le faire, si je ne les regarde pas ?

— On peut les regarder, Sara, mais on ne doit pas les voir comme des gens malades. On doit les voir en voie de guérison. Encore mieux, les voir en santé ou se rappeler quand ils étaient en santé. De cette façon, tu ne les utilises pas comme excuse pour empêcher le flot de couler vers toi.

« Ce n'est pas facile pour les gens d'entendre cela, Sara, car ils sont conditionnés à observer tout ce qui les entoure. Si seulement ils savaient que lorsqu'ils observent des choses qui leur font ressentir des émotions négatives, c'est le signal qui leur indique qu'ils ont rejeté le flot de bien-être, je ne pense pas qu'autant de gens seraient prêts à regarder autant de choses qui les rendent malheureux.

« Pendant un petit moment, maintenant, ne tente pas de comprendre ce que font les autres, Sara. Contente-toi d'écouter ceci. Il y a un flot régulier et perpétuel de bien-être, et il coule vers toi en tout temps. Quand tu te sens bien, tu acceptes le flot, et quand tu te sens mal, tu rejettes le flot. Donc, quand tu comprends cela, qu'est-ce que tu souhaites le plus faire ?

— Eh bien, je veux me sentir bien autant que je le peux.

— Bien. Maintenant, disons que tu regardes la télévision et que tu vois quelque chose qui t'attriste.

— Ouais, comme quand une personne se fait tirer dessus ou tuer, ou bien qu'elle est blessée dans un accident ?

— Oui, comme cela. Quand tu vois cela, Sara, et que tu te sens triste, comprends-tu ce qui se passe ?

Sara eut un sourire éclatant.

— Oui, Solomon. Je résiste au flot.

— Tu as compris, Sara ! Quand tu te sens mal, tu résistes au flot. Quand tu dis NON, tu t'opposes, et donc tu résistes au flot.

« Quand quelqu'un dit NON au cancer, Sara, ce qu'il fait en réalité, c'est refuser le flot de bien-être. Quand quelqu'un dit NON aux meurtriers, ce qu'il fait en réalité, c'est refuser le flot de bien-être. Quand quelqu'un dit NON à la pauvreté, dans les faits il résiste au flot de bien-être ; parce que quand tu accordes ton attention à ce que tu ne veux pas, tu vibres de la même façon, ce qui signifie que tu résistes à ce que tu veux. Alors, la clé consiste à déterminer ce que tu ne veux pas, brièvement, mais ensuite tu dois te tourner vers ce que tu VEUX et dire OUI.

— C'est tout ?! C'est tout ce que nous avons à faire ? Juste dire OUI au lieu de NON !

Sara n'arrivait pas à croire comme tout cela paraissait simple. Elle se sentait ivre de joie.

— Solomon, c'est tellement facile ! Je peux y arriver ! Je pense que tout le monde pourrait le faire !

Solomon se réjouissait de l'enthousiasme de Sara pour cette nouvelle connaissance.

— Oui, Sara, tu peux le faire. Et c'est ce que tu devras dorénavant enseigner aux autres. Entraîne-toi pendant quelques jours. Sois attentive à toi-même et aux autres autour de toi, et observe comment la plupart d'entre vous ont l'habitude de dire NON aux choses beaucoup plus souvent que OUI. En observant les gens un certain temps, tu finiras par trouver les choses qu'ils font pour résister au bien-être qui est naturel. Amuse-toi à le faire, Sara.

CHAPITRE VINGT-SEPT

Au cours de toute la journée du lendemain, les pensées de Sara revenaient sans cesse aux propos qu'elle et Solomon avaient échangés la dernière fois. Sara était réellement très excitée à l'idée de finir par comprendre une chose que Solomon semblait considérer comme très importante, mais plus le temps l'éloignait de sa conversation avec Solomon, moins elle était certaine d'avoir compris ce que Solomon essayait de lui enseigner. Par contre, Sara se souvenait que Solomon l'avait encouragée à observer les autres pour constater combien ils disaient NON beaucoup plus souvent que OUI ; Sara décida donc d'accorder une grande attention à cela.

— Sara, je ne veux pas que tu sois en retard ce soir, la prévint sa mère. Nous avons de la compagnie à dîner, et j'aurai besoin de toi. Nous ne voulons pas que nos invités soient reçus dans une maison en désordre, pas vrai ?

— D'accord, soupira Sara à contrecœur.

Recevoir des invités n'était pas son activité favorite. C'en était même très loin.

— Bon, je suis sérieuse, Sara. Ne sois pas en retard!

Sara s'arrêta sur le pas de la porte, agréablement surprise d'avoir trouvé une preuve, si tôt le matin, qui confirmait les propos de Solomon. Elle se mouvait lentement, le regard fixé au loin et un peu vide, et elle analysait les mots que Solomon avait prononcés et dont elle arrivait à se souvenir, et, ce faisant, elle laissait passer de l'air froid dans le couloir par la porte ouverte, sans s'en rendre compte.

— Sara! Ne reste pas là à laisser entrer l'air froid! Pour l'amour du ciel, Sara, mets-toi en route! Tu seras en retard pour l'école.

« Incroyable! », pensa Sara.

C'était étonnant. Sa mère avait, en deux minutes, fourni cinq déclarations claires de ce qu'elle ne voulait pas, et Sara n'arrivait pas à se souvenir d'une seule déclaration de ce que sa mère voulait. Et la chose la plus extraordinaire, c'est que sa mère ne remarquait même pas ce qu'elle faisait.

Le père de Sara terminait tout juste de pelleter la neige dans l'allée devant la maison quand Sara descendit l'escalier en sautillant.

— Sois prudente, Sara. L'allée est glissante. Tu ne veux pas tomber.

Sara sourit d'une oreille à l'autre.

« Incroyable! songea-t-elle. Comme c'est étonnant! »

— Sara, m'as-tu entendu? J'ai dit : fais attention, ou tu tomberas.

Sara n'avait pas vraiment entendu son père dire NON à quoi que ce soit, mais ses mots pointaient sans équivoque vers quelque chose qu'il ne voulait pas.

La tête de Sara tournait. Elle voulait exprimer ce qu'elle souhaitait.

— Je vais bien, papa, dit-elle. Je ne tombe jamais.

« Oups, pensa Sara. Ce n'était pas tout à fait un OUI. »

Désireuse d'être le meilleur exemple possible pour son père, Sara s'arrêta et se tourna pour s'adresser directement à son père et dit :

— Merci papa, de toujours dégager l'allée pour nous. Ainsi, c'est facile pour moi de ne pas tomber.

Elle éclata de rire, en s'entendant parler ; même quand elle essayait consciemment de dire OUI, elle parlait encore de ne pas tomber.

« Ciel ! pensa Sara, ce ne sera pas facile. »

Encore une fois, elle éclata de rire et dit à voix haute, frappée par ce qu'elle venait de dire :

— CE NE SERA PAS FACILE ? Ça alors, Solomon, je comprends ce que tu veux dire.

Sara n'était qu'à deux cents mètres de son allée de garage quand elle entendit la porte d'entrée de sa maison se refermer brusquement et elle vit Jason la rejoindre rapidement en courant à toutes jambes, son sac de livres dans une main et son chapeau dans l'autre. Sara savait, par la façon dont Jason se dirigeait vers elle à toute allure et par l'étincelle qu'elle reconnaissait dans ses yeux, qu'il était sur le point de la frôler dans le dos comme il l'avait fait des douzaines de fois auparavant ; juste assez pour lui faire perdre l'équilibre et la mettre en colère. En prévision de l'attaque, Sara cria :

— Jason, ne t'avise pas de… Jason, NON, et zut, Jason, ne fait paaaaaaas ça ! cria Sara à pleins poumons.

« Ciel, songea Sara. Je recommence. Le NON s'échappe de moi même quand je ne le veux pas. Quand je ne le veux pas ? Et voilà que je m'y remets. »

Sara se sentait presque affolée. Elle semblait incapable de contrôler ses propres mots.

Jason frôla Sara et continua à courir, et comme il était en avance sur elle d'un pâté de maisons, Sara commença à profiter de sa propre promenade tranquille jusqu'à l'école et à réfléchir sur les évènements extraordinaires qu'elle avait observés depuis les dix dernières minutes.

Sara avait décidé de faire une liste des NON qu'elle avait entendus, afin de pouvoir les comprendre plus tard avec Solomon. Sortant son petit carnet de notes de son sac de livres, Sara écrivit :

NE SOIS PAS EN RETARD.
ON NE VEUT PAS DE MAISON EN DÉSORDRE.
NE LAISSE PAS ENTRER L'AIR FROID.
NE SOIS PAS EN RETARD POUR L'ÉCOLE.
TU NE VEUX PAS TOMBER.
CE NE SERA PAS FACILE.
JASON, NE T'AVISE PAS.

Sara entendit monsieur Jorgensen crier à deux garçons de sa classe : « Ne courez pas dans les couloirs ! » Sara le nota dans son carnet. Elle était appuyée contre son casier quand le professeur d'une autre classe passa devant elle et dit :

— Dépêche-toi ; tu vas être en retard.

Sara écrivit ces paroles aussi.

Sara s'assit sur sa chaise, essayant de se préparer à une nouvelle journée d'école, quand elle aperçut la plus étonnante des affiches accrochées devant la classe. Cette affiche était là depuis le début de l'année, mais Sara ne l'avait jamais remarqué auparavant. Pas comme elle la remarquait à présent. Elle pouvait à peine en croire ses yeux. Elle sortit son cahier de notes et commença à copier ce qu'elle lisait :

ON NE PARLE PAS EN CLASSE.

IL EST INTERDIT DE MÂCHER DE LA GOMME.

PAS DE NOURRITURE NI DE BOISSONS EN CLASSE.

LES JOUETS SONT INTERDITS.

ON N'ENTRE PAS DANS LA CLASSE AVEC SES BOTTES.

ON NE REGARDE PAS PAR LA FENÊTRE.

IL EST INTERDIT DE REMETTRE SES DEVOIRS EN RETARD.

LES ANIMAUX DOMESTIQUES SONT INTERDITS DANS LA CLASSE.

IL N'EST PAS PERMIS D'ARRIVER EN RETARD.

Sara demeurait assise, stupéfaite.

« Solomon a raison. La plupart d'entre nous résistent vraiment au bien-être. »

Sara était impatiente d'entendre et d'observer tout ce qu'elle pourrait au cours de la journée. Pendant la pause du midi, elle s'assit seule loin des autres, écoutant la conversation de deux professeurs à la table derrière la sienne. Elle ne pouvait pas les voir, mais elle les entendait clairement.

— Oh, je ne sais pas, disait un des professeurs. Qu'en penses-tu ?

— Eh bien, si j'étais toi, je ne le ferais pas, répondit l'autre professeur. On ne sait jamais. Tu pourrais te retrouver dans une situation pire que maintenant.

« Incroyable », songea Sara.

Elle n'avait aucune idée de ce dont ils parlaient, mais une chose était très claire. Le conseil, en réponse à la question, était NON.

Sara ajouta à sa liste :

JE NE SAIS PAS.

SI J'ÉTAIS TOI, JE NE LE FERAIS PAS.

Sara n'en était même pas à la moitié de sa journée d'école que déjà elle avait deux pages de NON à discuter avec Solomon.

L'après-midi de Sara se révéla aussi fructueux que son matin l'avait été, puisqu'elle ajouta à sa liste :

NE LANCE PAS ÇA !

ARRÊTE ÇA !

J'AI DIT NON !

NE M'ENTENDS-TU PAS ?!

NE SUIS-JE PAS ASSEZ CLAIR ?

ON NE POUSSE PAS !

JE NE TE LE RÉPÉTERAI PAS !

À la fin de la journée, Sara était complètement épuisée. Sara avait l'impression que le monde entier résistait au bien-être.

— Ciel, Solomon, tu as tellement raison. La plupart des gens disent NON, au lieu de OUI. Et je le fais aussi, Solomon. Je sais ce que je suis censée faire, et je n'y arrive même pas.

JE N'Y ARRIVE PAS, nota-t-elle sur sa liste.

Quelle journée !

— C'est une liste impressionnante que tu as là, Sara. Tu as eu une journée chargée.

— Oh, Solomon, tu ne sais même pas tout. Ce sont seulement quelques exemples de ce que j'ai entendu aujourd'hui. Les gens disent majoritairement NON, Solomon. Et ils ne le savent même pas ! Et moi aussi, Solomon. C'est difficile.

— En fait, Sara, ce n'est pas si difficile, une fois que tu sais ce que tu cherches et une fois que tu réalises quel est ton but. Sara, lis-moi une phrase de ta liste, et je vais te montrer ce que je veux dire.

— NE SOIS PAS EN RETARD.

— Sois à l'heure.

— ON NE VEUT PAS DE MAISON EN DÉSORDRE.

— Nous voulons une maison chaleureuse, pour nos invités.

— NE LAISSE PAS ENTRER L'AIR FROID.

— Gardons notre maison chaude et confortable.

— NE SOIS PAS EN RETARD POUR L'ÉCOLE.

— C'est vraiment plus agréable d'être à l'heure.

— TU NE VEUX PAS TOMBER.

— Garde ta concentration et coordonne tes mouvements.

— CE NE SERA PAS FACILE.

— Je vais réussir à comprendre.

— NE COUREZ PAS DANS LES COULOIRS.

— Soyez prévenants pour les autres.

— ON NE PARLE PAS EN CLASSE.

— Discutons et apprenons ensemble.

— ON NE REGARDE PAS PAR LA FENÊTRE.

— Tu profiteras grandement d'accorder toute ton attention.

— IL EST INTERDIT DE REMETTRE SES DEVOIRS EN RETARD.

— Soyons à jour et travaillons ensemble.

— LES ANIMAUX DOMESTIQUES SONT INTERDITS DANS LA CLASSE.

— Vos animaux domestiques sont beaucoup plus heureux à la maison.

— Ça alors, Solomon, tu es vraiment doué, à ce jeu.

— Tu deviendras douée aussi, Sara. Ça demande seulement de l'entraînement. Et puis, Sara, les mots que tu utilises ne sont pas si importants. C'est le sentiment d'**opposition** qui est préjudiciable. Lorsque ta mère a déclaré : « Ne laisse pas la porte ouverte », sans contredit elle **s'opposait** à ce qu'elle ne voulait pas. Mais même si elle avait dit : « Ferme la porte ! », elle aurait encore été plus consciente de ce qu'elle ne voulait pas et, par conséquent, sa vibration en aurait encore été une d'opposition.

« Je veux que tu aies l'idée de te laisser aller vers ce que tu veux, plutôt que de t'opposer à ce que tu ne veux pas.

« Bien sûr, tes mots sont une indication de ta direction, mais l'émotion que tu ressens est un indicateur encore plus clair de ta résistance ou de ton acceptation.

« Contente-toi d'y prendre plaisir, Sara. **Quand tu t'opposes au fait de dire NON, tu t'opposes encore. L'idée, c'est de parler de plus en plus de ce que tu VEUX.** Et à mesure que tu le feras, les choses iront de mieux en mieux. Tu verras.

CHAPITRE VINGT-HUIT

SARA RENTRA À PIED À LA maison, en cette journée qui marquait la fin de l'année scolaire, en ressentant un étrange mélange d'émotions. Habituellement, c'était le temps le plus heureux de son année, ce temps pendant lequel on ne la forçait pas à interagir avec une classe pleine de camarades différents et souvent mal dans leur peau. Mais, cette année, Sara ressentait cette dernière journée différemment. Elle avait tellement changé, au cours de cette simple année.

Sara se déplaçait à vive allure, respirant la merveilleuse odeur du printemps, regardant droit devant, puis se retourna et marcha à l'envers pendant un moment. Elle était impatiente de voir tous les gens et toutes les choses autour d'elle. Le ciel lui paraissait plus beau que jamais auparavant. Plus bleu. D'une couleur plus profonde. Et les nuages blancs floconneux, qui offraient un tel contraste, étaient tout simplement éblouissants. Sara pouvait entendre le chant doux et limpide des oiseaux suffisamment loin pour l'empêcher de les voir, mais assez près pour que leurs chants atteignent ses oreilles.

La sensation de l'air doux sur sa peau était un réel bonheur. Sara marchait dans un véritable état d'extase.

— Tu vois donc, Sara, le bien-être est réellement en abondance.

— Solomon, c'est toi !

— Il est partout.

Les mots de Solomon continuaient à se faire entendre distinctement dans l'esprit de Sara.

— Il est partout, Solomon. Je peux le voir et le ressentir !

— En fait, il est partout où il n'est pas repoussé. Un flot régulier et perpétuel de bien-être coule vers toi en tout temps, et à tout moment, tu l'acceptes ou tu t'y opposes. Et tu es la seule qui puisse accepter ou rejeter ce flot régulier et perpétuel de bien-être.

« Tout au long de nos rencontres, la chose la plus importante que j'ai voulu que tu comprennes est le processus de réduction ou d'élimination des habitudes de résistance que t'ont enseignées les autres personnes physiques. Car si ce n'était de cette résistance que tu as accumulée le long de ce parcours physique, le bien-être qui est naturel pour toi – certainement celui auquel tu as droit – coulerait naturellement vers toi. Vers chacun d'entre vous.

Sara repensa à toutes ces merveilleuses conversations avec Solomon. Combien leurs échanges avaient été enrichissants ! Et Sara comprit qu'au cours de toutes les situations et de toutes les conversations qu'ils avaient vécues ensemble, Solomon avait aidé Sara à diminuer sa résistance.

Elle repensa aux techniques – ou jeux – que Solomon lui avait proposées jour après jour et à présent, avec sa perception améliorée, elle comprit que tout ce temps, Solomon lui avait enseigné des méthodes pour diminuer sa résistance.

Petit à petit, Sara avait appris à laisser sa résistance derrière elle.

— Tu es, toi aussi, une professeure, Sara.

Les yeux de Sara s'agrandirent, et le souffle lui manqua, quand son professeur préféré entre tous lui déclara qu'elle aussi, comme Solomon, était professeure. Sara sentit cette douce émotion de gratitude l'envahir et se propager autour d'elle.

— Et ce que tu dois maintenant enseigner, Sara, c'est que tout est vraiment bien. Grâce à ton exemple sans ambiguïté, plusieurs autres en viendront à comprendre qu'il n'y a réellement rien à quoi s'opposer et que, en fait, l'opposition est la raison qui empêche le bien-être.

Sara pouvait ressentir l'intensité remarquable des mots de Solomon. Ses mots la remplissaient d'exaltation. Elle ne savait pas quoi dire.

Elle traversa donc son allée de garage en gravier et pénétra dans sa cour en se sentant si merveilleusement bien qu'elle avait envie de sauter dans les airs. Puis, elle grimpa les marches en sautillant et pénétra dans la maison.

— Bonjour, je suis rentrée! cria Sara à quiconque se trouvait à la maison.

CHAPITRE VINGT-NEUF

SARA SE COUCHA TÔT, IMPATIENTE DE reprendre sa conversation avec Solomon. Elle ferma les yeux et respira profondément en tentant de trouver cet endroit merveilleux où elle et Solomon s'étaient laissés la dernière fois.

— Tout est vraiment bien, déclara Sara d'une voix claire, calme et convaincue.

Puis, elle ouvrit ses yeux et fut émerveillée.

Solomon, que Sara n'avait pas vu depuis des semaines, faisait du surplace juste au-dessus de son lit. Toutefois, ses ailes ne bougeaient pas du tout. C'était comme s'il était suspendu dans les airs, se maintenant sans effort directement au-dessus de la tête de Sara.

— Solomon ! cria Sara, au comble de la joie. Je suis siiiiii contente de te voir !

Solomon sourit et hocha la tête.

— Solomon, tu es tellement beau !

Les plumes de Solomon étaient blanches comme la neige et elles brillaient comme si chacune d'elles était un minuscule projecteur. Il paraissait beaucoup plus grand et tellement plus lumineux, mais il s'agissait bien du Solomon de Sara. Elle pouvait l'affirmer en plongeant son regard dans ses yeux.

— Viens voler avec moi, Sara! Il y a tellement de choses que je désire te montrer!

Avant même que Sara puisse acquiescer tout haut, elle sentit cet incroyable *froutch* qu'elle avait déjà ressenti lorsqu'elle avait volé avec Solomon, et ils s'envolèrent, cette fois très haut au-dessus de la petite ville de Sara. En fait, ils étaient si haut au-dessus de sa ville qu'elle ne reconnut rien de ce qu'elle vit.

Les sens de Sara étaient extraordinairement aiguisés. Tout ce qu'elle voyait était remarquablement beau. Les couleurs étaient plus intenses et plus belles que dans tous ses souvenirs. L'odeur dans l'air était enivrante; Sara n'avait jamais perçu de tels parfums. Elle entendait des sons merveilleux provenant du chant des oiseaux, de l'eau qui coulait et du vent qui sifflait. Des sons de carillons bougeant au vent et d'enfants joyeux vibraient autour d'elle. Le souffle du vent sur sa peau était rassurant, réconfortant et excitant. Tout ce qui l'entourait semblait divin, leur apparence, leur odeur et leur son.

— Solomon, dit-elle, tout est si magnifique!

— Je veux que tu connaisses l'ultime bien-être de ta planète, Sara.

Sara ne pouvait pas s'imaginer ce que Solomon lui réservait, mais elle était prête et disposée à l'accompagner où il voulait l'amener.

— Je suis prête! s'exclama Sara.

Et d'un coup, Sara et Solomon volèrent loin de la planète Terre, loin, loin, loin derrière la Lune, derrière les planètes et même derrière les étoiles. En un instant, ils avaient traversé ce qui devait être des années-lumière pour arriver dans un endroit d'où Sara pouvait voir sa magnifique planète tourner et briller très loin à l'horizon, se déplaçant dans en une sorte d'harmonie parfaite avec la Lune et les autres planètes et les étoiles et le Soleil.

Pendant que Sara regardait la planète Terre, son petit corps fut envahi par une émotion de bien-être total. Alors que la Terre tournait avec régularité et naturel sur son axe, comme si elle dansait avec d'autres partenaires, lesquels connaissaient exactement leur rôle dans cette danse sublime, Sara la regardait avec un sentiment de fierté.

Sara haleta d'émerveillement.

— Regarde-la, Sara. Et sache que tout est bien.

Sara sourit, et elle sentit le vent chaud de gratitude l'envelopper.

— La même énergie qui est à l'origine de ta planète continue à couler vers elle pour la soutenir. Un flot perpétuel de pure énergie positive coule vers chacun d'entre vous en tout temps.

Sara regarda sa planète en sachant que c'était vrai.

— Allons voir de plus près, maintenant, dit Solomon.

Maintenant, Sara ne pouvait plus voir les autres planètes, mais la planète Terre brillait ardemment sous ses yeux. Elle pouvait nettement voir la démarcation spectaculaire entre la terre et les mers. Les côtes semblaient avoir été mises en évidence avec des marqueurs géants, et l'eau scintillait comme s'il y avait des millions de lumières dessous, illuminant les mers pour la représentation spectaculaire que lui offrait sa perspective céleste.

— Sais-tu, Sara, que l'eau qui a nourri ta planète pendant des millions d'années est la même eau que celle qui nourrit ta planète aujourd'hui ? Ça, c'est du bien-être, Sara, de proportion gigantesque.

« Penses-y, Sara. Rien de nouveau n'est acheminé par voie terrestre ou par les airs jusque sur ta planète. Les ressources immenses qui existent sont sans cesse redécouvertes, génération après génération. Le potentiel pour une vie radieuse reste constant. Et les êtres physiques découvrent, à divers degrés, cette perfection.

« Regardons de plus près.

Solomon et Sara piquèrent vers la mer, et Sara sentit la merveilleuse odeur de l'air de la mer, et elle sut que tout était bien. Ils s'élevèrent plus vite que le vent au-dessus du Grand Canyon, une longue et large crevasse irrégulière dans la croûte terrestre.

— Qu'est-ce que cela ?! haleta Sara, émerveillée.

— Cela, c'est une preuve de la capacité sans faille de votre Terre à conserver son équilibre. Votre Terre est toujours à la recherche de son équilibre. Ceci en est une preuve.

Volant à présent autour de la Terre à peu près à la même distance du sol que les avions le faisaient, Sara admira le fabuleux paysage sous elle. Tellement de vert, tellement de beauté, tellement de bien-être.

— Qu'est-ce que c'est ? demanda Sara en pointant un petit cône qui s'élevait à la surface de la Terre et jetait de gros nuages de fumée gris et noir.

— C'est un volcan, répondit Solomon. Allons le voir de plus près.

Et avant que Sara ne puisse s'y opposer, ils partirent, plongeant plus près de la Terre, volant directement dans la fumée et la poussière.

— Wow ! cria Sara.

Elle était éblouie par son impression de bien-être total même si la fumée était dense au point de l'empêcher de voir devant elle. Ils s'élevèrent et sortirent de la fumée, et Sara regarda en bas et vit cet étonnant volcan qui crachait et faisait jaillir de la fumée.

— Voilà une autre preuve de bien-être, Sara. C'est un autre signe qui indique que votre Terre réussit à maintenir son équilibre parfait.

Ils s'élevèrent alors plus haut, encore et encore plus haut, et se dirigèrent vers une autre vision fantastique. C'était un feu. Un très gros feu. Sara pouvait voir ce qui semblait être des kilomètres de flammes rouge et jaune, quelquefois cachées derrière de gros nuages de fumée. Le vent soufflait très fort, et parfois, la fumée se dissipait, laissant voir clairement les flammes, pour ensuite devenir si dense que Sara était incapable pendant un moment de voir les flammes. De temps à autre, Sara pouvait apercevoir un animal courant très vite pour s'éloigner du feu et elle ressentit beaucoup de tristesse à l'idée que ce feu détruisait de magnifiques forêts et le foyer de tant d'animaux.

— Oh, Solomon, tout ça est trop affreux, murmura Sara en réagissant aux conditions dont elle était témoin.

— Ce n'est qu'une autre preuve de bien-être, Sara. C'est une preuve de plus que votre Terre cherche son équilibre. Si nous pouvions rester ici suffisamment longtemps, tu verrais comment le feu ajoute des nutriments essentiels à cette terre. Tu verrais comment de nouvelles graines germeraient et profiteraient et, avec le temps, tu reconnaîtrais la valeur étonnante de ce feu qui fait partie de l'équilibre global de votre planète.

— Je suis simplement triste pour les animaux qui sont en train de perdre leur foyer, j'imagine.

— Ne sois pas triste pour eux, Sara. Ils sont guidés vers de nouveaux foyers. Ils ne ressentent pas le manque. Ils sont le prolongement de l'énergie pure et positive.

— Mais quelques-uns d'entre eux vont mourir, Solomon, discuta Sara.

Solomon se contenta de sourire, et Sara sourit à son tour.

— Il est difficile de transcender cette histoire de « mort », n'est-ce pas ? Tout est très bien ici, Sara. Continuons notre exploration.

Sara adorait le sentiment de bien-être qui l'enveloppait. Elle avait toujours considéré que la mer était dangereuse en raison des requins et des naufrages. Les bulletins de nouvelles télévisées qu'elle avait regardés et qui parlaient des volcans en éruption lui avaient toujours fait peur. Les bulletins de nouvelles étaient pleins de feux de forêts et de désastres et, à présent, Sara comprenait qu'elle s'était farouchement opposée à eux.

Cette nouvelle façon de voir les choses était beaucoup plus agréable. Ces choses, dont Sara avait toujours supposé qu'elles étaient terribles ou désastreuses, prenaient tout à coup une toute nouvelle signification, quand elle les voyait à travers les nouveaux yeux que Solomon lui avait donnés.

Sara et Solomon volèrent toute la nuit, s'arrêtant pour observer le remarquable bien-être de la planète de Sara. Ils virent naître un veau et des poussins qui donnaient des coups de bec pour sortir de leur œuf. Ils virent des milliers de gens conduisant leur voiture et seulement quelques-uns d'entre eux qui s'emboutissaient. Ils virent des milliers d'oiseaux partir vers des climats plus chauds et le poil de certains animaux de ferme s'allonger pour l'hiver. Ils furent témoins de la récolte de jardins et de la plantation d'autres jardins. Ils virent de nouveaux lacs se former, ainsi que des déserts. Ils virent naître des bébés et des animaux, et ils furent témoins de la mort de gens et d'animaux – et dans chaque détail de chaque détail de tout ce qu'elle aperçut, Sara savait que tout était vraiment bien.

— Solomon, comment serai-je en mesure d'expliquer tout ceci à qui que ce soit ? Est-ce que je réussirai à le leur faire comprendre ?

— Ce n'est pas ton travail, Sara. Il suffit, gentille enfant, que tu le comprennes.

Sara laissa échapper un gros soupir de soulagement, puis elle sentit que sa mère la secouait.

— Sara, lève-toi ! Nous avons beaucoup de choses à faire.

Sara ouvrit les yeux et découvrit sa mère penchée sur elle ; tout en continuant à émerger de son sommeil, elle tira les couvertures par-dessus sa tête, voulant échapper à cette journée.

— Tout est vraiment bien, Sara.

Sara entendit les paroles de Solomon.

— Souviens-toi de notre voyage.

Sara repoussa les couvertures et offrit à sa mère son plus beau sourire.

— Merci, maman ! dit Sara. Je serai rapide comme le vent. Tout ira bien. Tu verras. Je serai prête en un clin d'œil.

Sa mère resta figée en regardant Sara bondir hors de son lit, se déplaçant avec agilité et précision et selon toute évidence avec joie.

Sara écarta d'un coup les rideaux, elle ouvrit sa fenêtre et étira les bras avec un large sourire sur son visage.

— Quelle belle journée ! s'exclama-t-elle avec un tel enthousiasme que sa mère resta là à se gratter la tête, le regard perplexe.

— Sara, est-ce que tu vas bien, mon cœur ?

— Je vais parfaitement bien ! déclara Sara d'une voix claire. Tout est vraiment bien !

— Bien, si tu le dis, ma douce, répondit la mère de Sara d'un ton hésitant.

— Je l'affirme, répéta Sara en se précipitant vers la salle de bain en souriant d'une oreille à l'autre. Je l'affirme vraiment !

Fin

AdA Inc.
www.AdA-inc.com
info@AdA-inc.com